LA BASILIQUE
De Fourvière

SES ORIGINES
SON ESTHÉTIQUE — SON SYMBOLISME

PAR

SAINTE-MARIE PERRIN

ARCHITECTE
MEMBRE CORRESPONDANT DE L'INSTITUT

LYON
LIBRAIRIE ET IMPRIMERIE E. VITTE
3, place Bellecour, et rue de la Quarantaine, 18.

1896

LYON. — IMPRIMERIE EMMANUEL VITTE, RUE DE LA QUARANTAINE, 18.

LA BASILIQUE DE FOURVIÈRE

ii

LA BASILIQUE
De Fourvière

SES ORIGINES
SON ESTHÉTIQUE — SON SYMBOLISME

PAR

SAINTE-MARIE PERRIN

ARCHITECTE
MEMBRE CORRESPONDANT DE L'INSTITUT

LYON
LIBRAIRIE ET IMPRIMERIE E. VITTE
3, place Bellecour, et rue de la Quarantaine, 18.

1896

LA BASILIQUE DE FOURVIÈRE

I

SES ORIGINES

Domina mea, mater pulchræ dilectionis et spei sanctæ, da mihi sedium cœlestium assistricem sapientiam quæ mirabiliter ordinavit omnia, et novit quod sit acceptum oculis tuis : quoniam elegisti me servum tuum infirmum et minorem ad intellectum, et dixisti me ædificare templum tuum in monte sancto tuo, et in civitate habitionis tuæ altare, similitudinem tabernaculi Domini. Mitte illam de cœlis sanctis tuis, et a sede magnitudinis tuæ, ut mecum sit et mecum laboret et sciam quid sit placitum apud cor tuum, et obedienter et recte disponam omnia; et ero dignus mandato tuo, et erunt grata opera mea.

Respice, tota pulchra, humilitatem deprecationis meæ, et noli me reprobare à filiis tuis.

Amen.

Tel est l'humble et touchant prélude des travaux de la basilique de Fourvière. L'artiste chrétien jette un regard sur l'ouvrage à entreprendre, il le voit dans sa pensée, magnifique, ravissant, et se regardant lui-même, il reconnaît sa misère. Quelle tâche d'un côté! de l'autre quelle faiblesse! Quelle grandeur dans l'œuvre entrevue ! quelle pauvreté dans l'artisan ! Mais il ne veut être qu'un instrument dans la main de Celui qui peut tout, et l'infirmité du moyen fait sa confiance. Dès lors son ambition n'a plus de limites : les splendeurs du temple de Salomon le tourmentent, il veut égaler l'architecte royal ; il veut surtout égaler son humilité, et il lui emprunte sa sublime prière pour la répéter chaque jour. C'est ainsi qu'un poème solennel s'ouvre par une majestueuse invocation. Disons mieux : Pierre Bossan commence son ouvrage avec la simplicité de l'ouvrier chrétien qui commence sa journée en la consacrant à son Dieu par la prière. Il ne connaît ni la Muse, ni Béatrice; celle qu'il invoque c'est la Vierge toute pure, c'est la reine du temple qu'il veut bâtir, et pour que l'hommage soit digne de cette reine, mère du bel amour et de la sainte espérance, il lui demande son secours, il cherche à savoir ce qui peut lui plaire, il est prêt à recevoir ses inspirations, il sera obéissant et humble, il se fait ouvrier docile, laissant de côté tout l'orgueil du savoir humain, toutes les vaines prétentions de l'intelligence livrée à ses seules forces.

Lorsque le cardinal de Bonald, archevêque de Lyon confia l'entretien de l'ancienne et modeste chapelle de Fourvière à Pierre Bossan, en 1844, le pauvre édifice n'offrait au jeune architecte qu'un champ d'études bien restreint. Sans caractère, sans physionomie, sans allure, le petit clocher de Fourvière pouvait bien, dans sa simplicité, attirer à lui l'affection des âmes pieuses, et réveiller dans le cœur de tout catholique lyonnais d'aimables et touchants souvenirs, mais il ne parlait pas à l'âme du jeune artiste. Il ne s'agissait pas d'ailleurs de l'embellir. Qu'y pouvait-on faire? On ne pouvait songer à un agrandissement : les ressources manquaient. Une étude de réfection complète avait bien été préparée quelques années auparavant par l'architecte Chenavard, mais ce projet ne semblait pas devoir se réaliser : insuffisant, froidement classique, il ne sortit pas des cartons.

L'heure marquée pour la *reconstruction du temple* n'avait pas sonné. L'ouvrier nécessaire pour façonner une telle œuvre devait être façonné lui-même à l'école de la souffrance, afin d'être digne d'une telle entreprise; et si nous avons, dès les premières lignes de ce travail, montré dans Bossan l'ouvrier chrétien qu'il devait être un jour, c'est afin de placer au seuil de cette courte notice la belle prière qu'il aimait tant. Avant de tomber sous les coups de la grâce pour renaître à une nouvelle vie, Bossan devait connaître bien des vicissitudes.

Ambitieux, indifférent en religion, hésitant en esthétique, il cherche sa voie. L'espoir de faire une fortune rapide le pousse en Sicile; ses entreprises ne réussissent pas. Il poursuivait la richesse, il ne rencontre que la ruine et la douleur. Son jeune frère qui l'avait accompagné est emporté en quelques heures par la peste. Palerme qu'ils habitaient alors était assiégée. Aucun secours pour le pauvre malade, aucun secours même pour le cadavre. Pierre Bossan est obligé d'ensevelir cette triste dépouille de ses propres mains.

Profondément atteint dans sa santé, mais mûri par la souffrance, Bossan se rend à Rome et s'y établit. Rome s'empare de son âme ardente et l'exalte encore. Les merveilles de Palerme, de Monréal, de la chapelle Palatine ont fait sur le jeune artiste une impression ineffaçable ; les belles basiliques constantiniennes de la ville éternelle le troublent et l'éclairent à la fois. Il pressent la voie qu'il devra suivre, et c'est à Rome que sans mission, sans mandat, de son propre mouvement, il conçoit la pensée de reconstruire la chapelle de Fourvière et qu'il se met à l'œuvre. Cette conception se réalisera-t-elle jamais? Ces études même verront-elles le jour? Il n'en sait rien ; mais il sait qu'une idée a germé dans son cœur, il a entrevu un édifice splendide ; ses formes tout à la fois jeunes et traditionnelles se présentent à sa pensée, s'emparent de tout son être, le hantent sans cesse, il faut les saisir et les fixer. Nous avons cette étude au crayon datée de Rome 1850.

Dans ce premier essai l'artiste déjà se manifeste, mais l'ébauche est à coup sûr incomplète. Bossan est à Rome et il a vu la Sicile ; le moyen âge italien, si imprégné de parfums antiques, l'architecture palermitaine, si originale, l'ont profondément ému. Il a conçu un beau corps dans lequel se réuniront en une harmonie pressentie, les notes élégantes de l'architecture grecque et les accents sévères de l'architecture chrétienne, mais la fusion n'est pas faite, l'adaptation est insuffisante. A ce corps imparfait il faut une âme. D'où lui viendra-t-elle? Bossan est artiste jusqu'aux moelles, mais il n'est encore chrétien que de nom. La souffrance l'a préparé sans doute à recevoir la grâce, mais son âme ne lui est pas encore pleinement ouverte ; comment pourrait-il connaître, soupçonner même le souffle mystique qui seul saura donner la vie à la conception entrevue? Dieu y pourvoira.

Après une absence de cinq années, Bossan rentre en

France. Moyennant quelques pièces d'argent, les dernières de son pauvre avoir, il prend passage sur un petit bâtiment à voile. Une tempête ballotte longtemps sur la Méditerranée la frêle embarcation qui arrive enfin à Marseille après mille périls. Bossan débarque, mais, hélas ! le petit carton des études de Fourvière a disparu. On le cherche en vain dans le désordre du navire secoué par les flots. *Era tutta la mia fortuna!* s'écrie désespéré le jeune architecte. Le batelier italien, ému de l'émotion de son pauvre passager, cherche de nouveau, et retrouve enfin le trésor sous un baril que la tempête avait déplacé. Les précieux croquis devaient dormir vingt ans encore avant d'affronter de nouveaux orages. Ce long sommeil ne fut pas un temps perdu.

Nous sommes en 1852, Bossan a 38 ans, il est accueilli avec joie par ses amis de Lyon : Desjardins son condisciple, Blanchon qui devait être bientôt l'organisateur intrépide de l'*Œuvre de Fourvière*, Perret l'éminent auteur des catacombes de Rome, Claude-Bernard le modeste collaborateur des beaux ouvrages de menuiserie du jeune maître, Janmot le peintre de l'admirable tryptique de notre cathédrale. Grâce au concours dévoué de tous, notre jeune architecte s'organise, et cherche par son travail à reconstruire sa petite fortune détruite. Il lui faut, tout d'abord, pourvoir aux besoins d'une famille nombreuse. Sa mère, veuve depuis de longues années, venait de mourir laissant sans ressources ses sœurs et son jeune frère. Les travaux se présentent bientôt à son ardente activité; il se donne tout entier à son art, et les ouvrages de cette époque portent l'empreinte de ses premières impressions et de la renaissance gothique qui florissait alors. Son crayon délicat avait dessiné, avant son départ pour l'Italie, la stalle épiscopale et le tryptique de notre cathédrale de Saint-Jean, la flèche et l'abside de l'église de Saint-Georges. Il achève à son retour ces ouvrages qui appartiennent à l'architecture purement archéologique : on n'y voit aucune trace de cette puissante personnalité qui se révélera bientôt. Il construit aussi la maison Blanchon, charmante étude palermitaine, qui reflète dans les eaux tranquilles de la Saône, sur le quai Fulchiron, ses trèfles, ses balcons, ses dentelures délicates. Ici les souvenirs de la Sicile abondent, et l'on entrevoit dans l'heureuse disposition des masses, dans l'opposition des pleins et des vides, dans la variété des motifs, les qualités maîtresses qui caractériseront ce jeune talent, alors qu'une transformation intime lui aura assuré sa pleine indépendance.

Un jour que Bossan travaillait comme de coutume dans son modeste cabinet, ses deux sœurs les plus jeunes frappent à sa porte, l'ouvrent et s'avancent jusqu'à lui. Leur allure est plus solennelle que d'ordinaire, leur visage est grave, un peu triste. La plus jeune prenant la parole : « Nous venons, dit-elle, te faire part d'un projet qui nous tourmente depuis longtemps : nous voulons entrer au couvent, Thérèse et moi. Si tu le veux bien nous irons ensemble consulter le curé d'Ars sur notre vocation. »

Bossan, très ému de cette communication absolument imprévue, reste interdit. On échange quelques mots, on se tait, on pleure, et le voyage d'Ars est décidé.

C'était l'heure marquée par la Providence. Sans le savoir, sans s'en douter même, l'architecte de Fourvière allait recevoir cette dernière façon qui devait le rendre propre à la mission qui lui était réservée.

Que se passa-t-il dans cette sainte entrevue du vénérable prêtre et des trois pèlerins ? je n'en sais rien. Ce que je sais, c'est que Thérèse et Marie-Aimée, confirmées dans leur vocation, entrèrent bientôt au couvent, et que Bossan fut transformé. Le pèlerin timide et hésitant revint plein de foi, d'enthousiasme et de piété. Le chemin du pauvre petit bourg bressan fut son chemin de Damas. Un homme nouveau est né en lui. Il est toujours ambitieux, mais son ambition dédaigne la richesse ; il est toujours ardent, mais son ardeur abandonne la gloire et les faveurs humaines, elle poursuit un but plus élevé que tant d'autres méprisent ; il aime toujours son art, il l'aime plus que jamais, mais il est libre. Son âme inquiète, avant de trouver la foi pleine et entière, voguait au hasard ; la foi, en fixant inébranlablement sa pensée sur le dogme, lui donne en même temps la sérénité et l'indépendance. Le rayon de la grâce, en frappant l'homme, du même coup a frappé l'artiste. La grâce n'élimine pas la nature, c'est une addition, un surcroît divin qui l'élève, qui l'ennoblit, qui la perfectionne et la couronne (1). Bossan sera digne de ce surcroît divin. Sa vie, désormais, appartient sans partage à son art et à son Dieu, à Fourvière et à la Vierge qu'il veut chanter.

« L'Italie m'a donné la direction, disait-il, Ars m'a donné l'indépendance. J'ai vu, dans cette belle Italie, les grandeurs sévères du catholicisme s'unir aux élégances antiques. Voilà l'union que je veux poursuivre. Ars en me donnant la foi m'a donné la liberté, je saurai briser les liens de la formule archéologique ; je ne serai ni plagiaire ni novateur, je serai chrétien. » Comme l'éloquence, l'art doit sortir du cœur, et sa pensée se reportait sur son rêve le plus cher, sur son Fourvière, sur le petit carton sauvé du naufrage comme le poème du Camoëns. Il reprendra ses

---

(1) Cardinal Pie.

études : loin de les tenir secrètes il les présentera à ce groupe d'amis que nous avons nommés. Cette conception de son intelligence d'artiste se réveille dans son âme devenue chrétienne. Le curé d'Ars qui est désormais son guide, son maître et son ami, sera le confident de ses ambitions ; il lui porte ses croquis. Le saint curé après avoir parcouru les feuilles déjà jaunies du petit carton, croise les mains, et lui dit avec un accent qui le pénètre : « Que ce sera beau mon ami, que ce sera beau ! N'ayez aucune crainte, quand l'heure sera venue vous trouverez tout ce qu'il faudra. » Dès lors Bossan est tout à l'espérance. Cette mission qu'il n'avait pas vient de lui être donnée. C'est ainsi du moins qu'il interprète l'exclamation prophétique du serviteur de Dieu ; et de fait il semble que ces simples paroles ont imprimé son premier mouvement à la grande œuvre de Fourvière.

Ne devions-nous pas conserver ici le souvenir de ces humbles commencements d'un si grand ouvrage ? Nous les avons recueillis au jour le jour, dans les mille détours de conversations charmantes, alors que le maître retiré sur les bords de la Méditerranée, dans cette jolie petite ville de la Ciotat tout ensoleillée, nous ouvrait sa porte fermée à tous, nous accueillait avec une exquise bonté pour travailler avec lui. Ce travail était sans fatigue, tant il était enjoué, tant il était agrémenté de subites digressions sur les terrains les plus imprévus. Il nous semble que ces traits épars, rapprochés dans un même cadre et suivant l'ordre marqué par le temps, prennent une signification très nette, et présentent à nos yeux un adorable spectacle. L'action divine, sans doute, remplit l'univers, mais le plus souvent cachée dans l'ombre du devoir présent, elle nous conduit à nos fins par des voies obscures. Quelquefois, cependant, elle se manifeste en pleine lumière, dans certaines vies que l'on doit nommer à bon droit providentielles. En vérité il n'y a pas d'hommes nécessaires ; mais quand Dieu juge une œuvre nécessaire, il sait choisir et façonner à son gré l'ouvrier qui doit l'accomplir. C'est ce travail divin, n'est-il pas vrai, que nous avons surpris dans l'admirable enchaînement de ces incidents bien minimes, mais harmonieusement ordonnés à une fin voulue. La Vierge protectrice de la cité doit avoir, sur la colline de Fourvière, un temple magnifique. La Providence choisit l'architecte du temple et daigne l'instruire elle-même, en le conduisant comme par la main là où doit être formée son intelligence d'artiste, là où doit être formé son cœur de chrétien, et nous la verrons bientôt lui donner, à l'heure prédestinée, les trésors qu'il attend, en faisant jaillir les eaux fécondes de la charité d'événements terribles, plus propres, semble-t-il, à tarir les sources qu'à les faire naître.

C'est dans les premiers mois de 1852 que Bossan entend le saint curé d'Ars lui annoncer les splendeurs futures de son Fourvière, alors que rien ne pouvait faire prévoir encore la réalisation de cette audacieuse pensée. Or, le 8 décembre de cette même année devait marquer le premier effort de la piété lyonnaise pour offrir à Marie un domaine et un temple dignes de la cité. En ce jour mémorable fut bénite la statue colossale que porte le campanile. Le soir de cette grande journée, sous l'impulsion d'un élan irrésistible, sans mot d'ordre, sans entente préalable, le peuple traduisit sa foi, sa reconnaissance et son amour par une illumination unanime sans précédent, et tandis qu'aux applaudissements d'une foule étonnée la ville tout entière brillait de mille feux, la pensée d'offrir à Notre-Dame les bois et les jardins de la sainte colline et d'y établir un monument splendide germait dans quelques cœurs chrétiens. Confiée dès le lendemain à S. Em. le cardinal de Bonald, cette pensée féconde devait bientôt produire les plus étonnantes merveilles. Une commission est instituée, elle se met à l'œuvre sans retard, pleine de zèle, de confiance et de saintes audaces; elle achète les domaines et les jardins du sommet de la montagne, elle les couvre de plantations, elle trace des allées d'accès facile, elle les décore des stations du Rosaire et du Chemin de la croix, et après douze années d'efforts généreux et persévérants, elle peut, dans un rapport public déclarer qu'enfin le pieux domaine est constitué, et qu'au sein de la grande ville « une oasis est créée où tout invite au calme et au recueillement, où le pèlerin, en s'élevant au-dessus de la nébuleuse enveloppe et des agitations de la cité, sentira l'heureuse influence d'une atmosphère plus pure, et tout en méditant les enseignements des mystères de joie et de douleur qui se partagent la vie de notre divine Mère, arrivera, plein de sécurité et de confiance, jusqu'au trône d'où découlent incessamment ses grâces et ses faveurs » (1).

Cependant Bossan développait ses premières études, et tandis que la commission luttait pour affranchir l'enceinte sacrée, déblayer le terrain et préparer les voies, le projet de la chapelle monumentale sortait de ses mains tout resplendissant de grâces nouvelles. La commission désormais patronnait l'œuvre de l'artiste : elle voulut présenter les plans à S. E. le cardinal de Bonald. Son Eminence daigna les approuver, et en autoriser l'exposition publique dans la salle des Pas-Perdus de l'Archevêché (mars 1866).

---

(1) Compte rendu de la commission, 1862-1865.

Ce n'est pas ici le lieu de reproduire les jugements les plus divers que suscita cette exposition. Aussi bien, une œuvre de cette nature ne pouvait se produire au dehors sans attirer l'attention tout d'abord, puis les éloges les plus enthousiastes, comme aussi les critiques les plus ardentes. Eloges et critiques ne firent pas défaut.

La commission de Fourvière, sans se troubler devant cette lutte, attendait avec confiance l'heure marquée par la Providence pour donner à la piété lyonnaise non plus seulement le tableau de sa gestion, mais l'assurance de voir enfin la colline de Marie couronnée par un monument digne de cette bonne Mère et de l'amour de ses enfants. Cette heure, que des crises menaçantes et un état précaire aux yeux des moins clairvoyants faisaient différer jusqu'au retour du calme et de la prospérité, devait être au contraire celle des grandes douleurs et des plus effrayantes calamités. L'année fatale de 1870 frappait notre patrie coupable du double fléau de l'invasion et de la guerre civile. Tandis qu'un ennemi barbare foulait le sol de notre chère France, des hommes impies se ruaient au pouvoir pour exploiter les infortunes du pays. En présence de tant de maux, tous les cœurs, tous les regards et toutes les prières s'élèvent vers la sainte montagne, d'où le secours est toujours venu. Ce qui n'était pour beaucoup qu'un pieux désir et une espérance lointaine devint un vœu sacré. Sa Grandeur Mgr Ginoulhiac en porta l'expression au pied de l'autel de la sainte Vierge le 8 octobre 1870, et dès le lendemain des milliers de feuilles circulant avec l'autorisation de l'archevêché se couvrirent de signatures ; on y lisait ces mots :

Vœu à Notre-Dame de Fourvière.

« Nous faisons vœu de prêter un généreux concours à

la construction d'un nouveau sanctuaire à Fourvière, si la très sainte Vierge, notre Mère Immaculée, préserve de l'ennemi la ville et le diocèse de Lyon. »

Le 1er mars 1871, la paix était signée, l'ennemi n'avait pas foulé le territoire du diocèse : le vœu des Lyonnais était exaucé.

On se mit aussitôt à l'œuvre.

Le terrain du futur édifice fut solennellement bénit le 8 avril 1872, jour de la célébration renvoyée de la fête de l'Annonciation, par Sa Grandeur Mgr Ginoulhiac, et la première pierre posée le 7 décembre de la même année, vigile de l'Immaculée Conception.

Le procès-verbal de cette imposante cérémonie, aussi remarquable par son élégante latinité que par son esprit de foi et de piété, a été rédigé par M. Alphonse de Boissieu, membre correspondant de l'Institut, alors président de la commission de Fourvière.

Bossan a une si haute idée de l'œuvre à entreprendre et à mener à bonne fin, il veut verser en elle tant d'âme, tant de pensées, et j'oserai dire tant de vertu, qu'il se retire aussitôt en Provence, dans une retraite absolue, comme pour fuir les hommes et les choses. Il veut se donner tout entier. Dès lors la vie matérielle cesse en quelque sorte pour lui. Son chapelet, sa Bible, son crayon, une mauvaise chaise, un méchant lit, une table boiteuse, voilà son mobilier. Une petite soupe faite par lui-même le matin ; à midi, deux pauvres plats qu'on lui apporte dans un petit panier ; le soir, les restes de ce modeste repas apprêtés par cette main qui manie si élégamment le crayon, voilà son ordinaire. Sa journée est partagée entre le travail et la prière, et dans sa prière Fourvière occupe une place dominante. C'est alors qu'il compose la belle invocation que nous avons placée en tête de ces pages. Elle venait à son heure cette invocation biblique, car pour Bossan le projet patronné par la commission, approuvé par le cardinal, sanctionné par l'exposition publique, n'était qu'un avant-projet, une esquisse. Un jour que l'on demandait à Racine si sa tragédie d'*Esther* était bientôt achevée : « Elle est construite, répondit le poète; *je n'ai plus que les vers à faire.* » Bossan avait *encore* les vers à faire. Le plan était construit, les proportions générales étaient fixées, le corps était formé dans son ossature; il fallait maintenant donner à ce corps une âme, il fallait le faire vivre, le faire parler, le faire chanter. Il fallait apporter dans l'étude du morceau cette raison sévère qui avait présidé à la composition des ensembles. Les grands arbres de nos campagnes, magnifiques dans la majesté de leur masse, ne sont pas moins admirables dans la délicatesse de leurs feuilles naissantes. A Fourvière, la moindre feuille, le moindre rinceau, une frise, quelques oves, une palmette, accuseront la même recherche persévérante, le même amour, le même sens critique que l'ensemble de l'édifice. La doctrine esthétique qui a présidé à l'étude de cet ensemble s'affirmera dans les détails les plus secondaires. Bossan veut que dans son œuvre, comme dans la nature, la vie pénètre jusque dans l'infiniment petit. Il croit que pour rendre à la Reine du ciel un hommage qui ne soit pas trop indigne d'elle, il lui faut apporter dans la perfection intime de son ouvrage cette délicatesse consciencieuse que le chrétien doit apporter dans ses actes ou ses pensées les plus cachés.

Mais il est une autre face du problème à résoudre, que son âme de poète chrétien envisageait dès lors avec une sorte de passion religieuse : c'est le sens mystique du monument. Fourvière sera le poème de Marie ; disons mieux, ce sera son histoire, car ici l'imagination doit se taire, et nous ne devons entendre que les textes sacrés de la sainte Ecriture.

Bossan fait de la Bible une étude assidue ; les pages du livre inspiré nourrissent son esprit de ce symbolisme fécond dont il veut enrichir son ouvrage. Il se plaît à lire à haute voix les histoires exquises des Rachel, des Rébecca, des Esther, des saintes Femmes de l'Evangile ; il souligne par un aimable sourire les expressions délicates et poétiques du texte sacré, et souvent sa parole est coupée par l'émotion. Puis, reprenant son crayon, il traduit en caractères accessibles à tous ces touchants récits qui viennent de le charmer, et qui charmeront ceux qui viendront les contempler sur les magnifiques parois de la basilique.

Telle est la vie de renoncement, d'étude et de prière du maître de l'œuvre. Il connaît le *Don de Dieu*, il puise aux sources qui donnent la vie ; dès lors toutes ses ambitions se justifient, il a droit à toutes les audaces, et il peut prendre pour devise ce texte liturgique qu'il répétait souvent comme pour s'encourager à toujours mieux faire et qu'il nous a légué pour nous soutenir :

Quantum potes, tantum aude ;
Quia major omni laude.

II

DESCRIPTION DE LA BASILIQUE. — SON SYMBOLISME EXTÉRIEUR

L'architecture religieuse, à notre époque, a subi le contre-coup de cet ébranlement fatal d'une révolution qui n'a rien respecté. La langue de cet art, autrefois populaire, n'est plus comprise. Nos anciennes cathédrales traduisaient merveilleusement les aspirations et les enthousiasmes de tout un peuple, alors que l'unité régnait dans les intelligences et dans les cœurs. Aujourd'hui le faisceau est brisé, et nous en sommes revenus à la confusion de Babel. Chacun parle sa langue à soi. Si un édifice s'élève qui révèle à la fois le respect de la tradition et l'entente de l'heure qui sonne, l'étude raisonnée du passé et la connaissance profonde des tendances légitimes du présent, cet édifice n'est pas compris. On ne comprend pas la vie qui s'en dégage, on ne sent pas les parfums qu'il exhale, et, parce qu'il ne peut être classé sous l'étiquette précise d'une archéologie savante, on le dédaigne. Nous ne chercherons pas à défendre Fourvière, mais il nous faut le traduire et l'expliquer.

Fourvière est l'acropole de la cité, disons mieux, c'est la *sainte Sion*. Bossan aimait à l'entendre désigner sous ce nom biblique. Toujours jaloux de revêtir l'art religieux des grâces attiques, il savait cependant que son guide devait être avant tout l'inspiration chrétienne, et Athènes ne lui a jamais fait oublier Jérusalem.

Notre basilique doit à la fois exprimer la défense mystique de la ville qu'elle domine, et chanter la pureté, la virginité, la force et les gloires d'une femme *pleine de grâce, bénie par-dessus toutes les femmes*. Aussi ces nobles murailles seront-elles marquées du triple sceau de la puissance, de la richesse et de la grâce.

Façade occidentale.

La puissance est le caractère du dehors. Le monument, suivant la tradition, dirige son abside au levant. Quatre tours polygonales en limitent l'enceinte et en déterminent l'énergique physionomie. Les deux tours occidentales, sur la façade principale, encadrent un large portique couronné d'une galerie ouverte que surmonte le fronton des grands combles. Quatre colonnes cannelées et polies supportent élégamment cette architecture. Ces beaux monolithes granitiques de huit mètres de hauteur se dressent sur des socles de même matière, enrichis de têtes de lions; leurs chapiteaux en acanthes sont également fouillés dans le granit. Lorsque le premier de ces fûts a été transporté de la gare sur la colline, traîné par un attelage de vingt chevaux, des mains pieuses le couvrirent de fleurs à son passage dans la ville.

La galerie superposée au porche est décorée de huit anges-cariatides. Ces figures robustes et tranquilles, modelées par M. Millefaut, impriment à cette façade un grand air de noblesse.

Dans le fronton supérieur se déploie une composition monumentale qui ne mesure pas moins de vingt mètres de développement. Le vœu de la peste de 1643, le vœu de la guerre de 1870 sont figurés dans ce cadre colossal déterminé par les riches rampants qui accusent les pentes des toitures et par la corniche que supportent les cariatides de la galerie. Dans une niche centrale à fond d'or, la sainte Vierge protectrice est assise sur un trône élevé de deux degrés : à ses pieds un lion, noble emblème de la Cité, se repose fier et tranquille; sur ses genoux, l'Enfant Jésus étend ses petites mains pour accueillir et bénir les supplications adressées à sa Mère. A la droite de la Vierge, le prévôt des marchands est agenouillé sur le premier degré du trône; il offre un écu d'or; derrière lui sont également agenouillés les quatre échevins. Plus loin un pauvre pestiféré, consolé par un ange, caractérise la scène : l'ange pose la main sur l'épaule du malade, et, d'un geste admirable, montre la Vierge en laquelle il doit mettre sa confiance. Les pieux magistrats accomplissent le vœu formé pour obtenir la cessation de la peste dont ils ne pouvaient enrayer la marche terrible.

« Du jeudy, douzième jour de mars MVI^c quarante trois après midy, en l'hostel commun de la ville de Lyon, y estant : MM. Macrany P. des M., Chappuis, Boniel, Le Maistre, Pillehotte échevins.

« Les dicts sieurs ayant mis en considération que le plus grand bien et advantage qu'ils pouvaient procurer à ceste ville estait de la mettre soubz la protection toute-puissante de la très sainte et immaculée Vierge Marie, Mère de Jésus-Christ Notre-Seigneur par quelque honneur et dévotion extraordinaire que le corps consulaire lui rendrait annuellement, invitez à ce bon œuvre par le pieux exemple de nostre Roy très chrétien.....

« Et finalement les dicts sieurs Prévost des marchands et eschevins, voulant accompagnier ces actes extérieurs de dévotion envers la dicte Vierge, de la dévotion intérieure du cœur, et la continuer par une reconnaissance annuelle, ont résolu que tant eux, que leurs successeurs es dictes charges, iront à pied toutes les festes de la Nativité de la Vierge qui est le huictième jour de septembre..... en la chappelle de Nostre-Dame de Fourvière pour y ouïr la saincte messe, y faire leurs prières et dévotions, à la dicte Vierge et lui offrir en forme d'hommage et recognoissance la quantité de sept livres de cire blanche en cierge et flambeaux propres au divin service de la dicte chappelle et un escu d'or au soleil. Et ce pour disposer la dicte Vierge à recevoir en sa protection particulière la dicte ville, dont a été faict le présent acte. »

Tel est le vœu que nous avons voulu traduire sur la pierre, tels sont les termes d'une délibération mémorable dont les échos ne retentissent plus, hélas! dans « l'hostel commun de la ville de Lyon. »

Pour rattacher à ces grands exemples du passé les nobles dévouements du présent et conserver à nos enfants des souvenirs qui leur seront chers, on a cherché à donner en quelque mesure aux magistrats de 1643 les physionomies des Présidents de la commission de Fourvière depuis son origine jusqu'à ce jour. C'est d'abord M. de la Perrière, qui offre l'écu d'or, puis M. de Boissieu qui tient le cierge votif dans ses mains, puis M. Dugas, M. Frapet, qui a présidé les premières séances de la commission de 1852, et enfin M. le sénateur Lucien Brun, nouvellement élu pour succéder à M. de la Perrière, mort le 7 novembre 1894 chargé d'années, comblé de mérites.

Il est un autre ouvrier de Fourvière qui ne pouvait être oublié dans cette glorieuse assemblée; on le connaît assez sans qu'il soit utile de le nommer; mais, puisque nous faisons ici de l'histoire, il nous faut bien dire que son humilité lui a fait énergiquement refuser le rang d'échevin, et qu'il n'a voulu accepter que le rôle du pestiféré.

Du côté gauche de la sainte Vierge est figuré le vœu de 1870. A l'extrémité de la scène, l'ange gardien de la ville défend une porte ouverte. Vient ensuite un groupe de deux figures : c'est le cardinal de Bonald, qui présente à la sainte Vierge l'architecte de l'édifice, Pierre Bossan. Le maître de l'œuvre déroule le plan de sa basilique. Mgr Ginoulhiac indique par son geste que telle est la chapelle promise le 8 octobre 1870, dans une heure de suprême détresse. Le cardinal Caverot, qui a béni la dernière pierre couronnant le fronton occidental, porte dans ses mains le ciborium élevé grâce à ses dons magnifiques. Le cardinal Foulon se présente ensuite. Son Eminence tient dans ses mains la crosse archiépiscopale; c'est lui qui le premier a officié dans l'édifice encore encombré d'échafaudages. Enfin, agenouillé au pied du trône, notre cher archevêque, Mgr Coullié, présente à Marie la Basilique consacrée sous son glorieux pontificat.

Ainsi seront transmises à la postérité les chères images de tous les pontifes qui ont pris notre Fourvière sous leur haute et puissante protection.

Au-dessus de ces scènes historiques, deux archanges planent dans les tympans triangulaires sur un champ semé de croix d'or. Du côté du vœu de la peste, c'est l'archange Raphaël; il tient dans ses mains le poisson guérisseur; du côté du vœu de la guerre, c'est l'archange guerrier, le chef de la milice céleste, saint Michel, armé d'une épée nue. Les figures de cette composition grandiose mesurent trois mètres de stature. Elles sont dues au ciseau énergique de M. Dufraine qui a modelé avec une égale vigueur les quatre symboles apocalyptiques : l'ange, le lion, le bœuf et l'aigle, dont les grandes ailes de quatre mètres d'envergure décorent les écoinçons des archivoltes du porche.

Le porche abrite sous ses puissantes arcatures la baie monumentale qui donne accès à l'église supérieure. Cette entrée, de 2 m. 80 de largeur et de six mètres de hauteur, est fermée par des portes de bronze. Les architectes chrétiens ont toujours attaché une importance majeure à l'étude des portes de leurs édifices religieux. Notre-Seigneur Jésus-Christ a dit de lui-même : *Ego sum ostium*, et l'Eglise dit de Marie : *Janua cœli*. Il semble que ces divines paroles aient donné à la porte du temple un sens mystique qui en rehausse la dignité. Il serait difficile de citer toutes les portes admirables que nous ont léguées les siècles passés, mais comment ne pas rappeler les fameuses portes de Ghiberti, au baptistère de Florence ? Elles contiennent toute l'histoire du peuple de Dieu dans une série de merveilleux bas-reliefs. Michel-Ange les jugeait dignes d'être les portes du Paradis.

Nos portes sont divisées à la manière antique en panneaux encadrés dans de vastes champs sur lesquels se détachent des rosaces saillantes. Le panneau inférieur, établi au-dessus d'une haute plinthe décorée de fleurons, affecte la forme d'une étoile à huit branches inscrite dans un carré. Au centre de ce panneau est une tête de lion : *Est leo custos...*

Dans le panneau supérieur, sur un fond de rinceaux délicats, une grande figure d'ange en plein relief porte avec respect au-dessus de sa tête l'arche de Noé ; sur le vantail opposé une figure symétrique porte l'arche d'alliance. Comme l'arche de Noé, Marie a porté en elle le salut du genre humain condamné à périr ; comme l'arche d'alliance, elle a renfermé en elle la manne qui devait nourrir Israël.

Au-dessus des deux vantaux, l'imposte également en bronze est ornée d'une guirlande de feuilles et de fleurs sur laquelle se reposent de petites tourterelles : *Turtur invenit nidum sibi ubi ponat pullos suos* (*Ps.* LXXXIII, 4). Ce texte du roi prophète, inscrit sur le linteau, invite les chrétiens à chercher un doux asile dans la basilique qui leur est ouverte.

Ces portes monumentales reposent sur un magnifique seuil de granit porphyroïde des Vosges. Ne convenait-il pas de tailler dans une matière précieuse et invulnérable ce seuil que fouleront bientôt d'innombrables pèlerins pour apporter dans la chapelle leur reconnaissance, leurs espérances ou leurs douleurs ?

Ce grand ouvrage de métal, délicatement ciselé et rehaussé par les tons chauds d'une belle patine, est encadré dans un chambranle aux rinceaux vigoureux. Des béliers ailés et accroupis supportent le linteau monolithe que couronne le tympan.

Dans le tympan, un bas-relief à fond d'or appelle l'attention. C'est une scène mystique. C'est la première page de cette ravissante histoire de la sainte Vierge, qui se déroule sur les parois extérieures et intérieures de la basilique. Au dehors nous allons rencontrer toutes les richesses prophétiques de l'Ancien Testament, au dedans tous les parfums de l'Evangile. Au dehors, la Vierge promise après la chute et figurée dans les saintes Femmes d'Israël; au dedans la Vierge immaculée et joyeuse des premiers mystères, la mère douloureuse de la Passion, la reine glorieuse et triomphante que *toutes les générations proclament bienheureuse.*

Notre tympan représente la création de l'âme de la sainte Vierge. Deux anges adorateurs portent dans leurs mains le Ciel et la Terre. C'est qu'un grand dessein va s'accomplir, qui intéresse le ciel et la terre. Au milieu d'eux le Père éternel est assis dans la gloire, sa main droite présente une branche d'olivier à une petite colombe aimablement posée sur sa main gauche : *Surge, columba mea, et veni (Cant.* II, 10). C'est le signe de la paix que la sainte Vierge, colombe très pure, doit apporter à l'humanité coupable. Au pied du trône, sainte Anne et saint Joachim sont prosternés dans une adoration profonde. Le beau texte de l'*Ecclésiastique* au chapitre XXIV explique et développe la scène mystérieuse : *In Jacob inhabita, et in electis meis mitte radices. Et sic in Sion firmata sum, et radicavi in populo honorificato.*

Des deux côtés de cette composition, tout à la fois simple et grandiose, se développe la noble théorie des Patriarches qui ont attendu, des Prophètes qui ont annoncé la Vierge, mère du Dieu sauveur : Adam et Eve, les premiers confidents de la divine promesse; la pomme, souvenir de l'*heureuse faute*, est dans leur main ; Abel le juste, que le Seigneur regarda favorablement (*Gen.*, IV, 4; *Hebr.*, XI, 4); Hénoch qui marcha avec Dieu (*Gen.*, V, 22); Noé, l'homme juste et parfait (*Eccli.*, XLIV, 17), le constructeur de l'arche dont les flancs mystérieux sauvèrent l'espèce humaine; Abraham, Isaac et Jacob, les ancêtres du peuple choisi ; Joseph, la touchante image de celui qui devait être l'époux de Marie ; Moïse, qui demande à Dieu et obtient de sa miséricorde le pain qui doit nourrir tout Israël ; David, le royal aïeul de la Vierge de Nazareth; Salomon, l'auteur inspiré de la *Sagesse,* dans laquelle l'Eglise reconnaît l'image la plus magnifique de l'immaculée Conception. Puis c'est le chœur auguste des Prophètes : Isaïe, dont les lèvres purifiées par le charbon du séraphin annoncent l'Enfant qui doit naître; Jérémie, dont les lamentations déchirantes décrivent toute la passion du Rédempteur: Ezéchiel, tremblant encore devant les visions divines; Daniel enfin, instruit par la bouche de cet ange Gabriel, qui devait apporter sur la terre la bonne nouvelle si longtemps attendue. Mais cette imposante lignée de prophètes divins, serait, ce semble, incomplète, si le monde païen lui-même n'était appelé à joindre son témoignage à celui de David, et puisque l'Eglise a rapproché dans son chant liturgique le nom du roi prophète du nom de la Sibylle, on a pensé que la Sibylle devait trouver une place dans cette évocation unanime d'un passé qui chante déjà un *Magnificat* à la gloire de Marie. Les murs latéraux du porche ont été consacrés à ces antiques traditions. D'un côté la Sibylle de Virgile écrit ses oracles et annonce l'arrivée de cette race nouvelle que le ciel nous envoie:

Ultima Cumæi venit jam carminis ætas,
Jam nova progenies cælo demittitur alto.

(*Egl.* iv.)

De l'autre, un druide de notre vieille Gaule dépose le gui sur un dolmen consacré à la Vierge féconde, *Virgini pariturae.*

Un arc-en-ciel, de mosaïque brillante, embrasse dans sa vaste courbe les magnificences que nous venons de décrire. Ce symbole d'espérance vient sceller le pacte conclu entre le ciel et la terre: *Arcum meum ponam in nubibus, et erit signum fœderis inter me et inter terram* (*Gen.*, ix, 13.)

Le Cycle sacré que nous devons parcourir nous offre ainsi dès les premiers pas une manne réconfortante dont le goût, comme la manne du désert (*Sap.*, xvi, 20), s'adapte au goût de toutes les âmes. Le plus jeune enfant de nos écoles reconnaîtra bien vite les charmantes images de son histoire sainte, la figure de nos premiers parents, la pieuse allure du jeune Abel, la colombe de Noé, le bel arc-en-ciel, Isaac et les bois de son sacrifice. Les intellectuels, s'il est permis d'employer ici le jargon moderne, accorderont peut-être au dolmen du druide, aux vers touchants de l'aimable Virgile le crédit qu'ils refusent aux accents divins d'un Isaïe, ou d'un Ezéchiel.

Les quatre tours.

Avant de quitter la façade occidentale, il nous faut jeter un coup d'œil sur les tours qui la limitent et l'encadrent. Ces tours mesurent une hauteur de 45 mètres depuis le sol du parvis jusqu'au sommet de leur crête ; elles sont octogonales, et leur étage supérieur très ajouré, à la manière d'un lanternon, forme un heureux contraste avec la simplicité des larges surfaces inférieures éclairées seulement par trois *oculus* que ferment des *claustra* en bronze doré. Des groupes symboliques d'une puissante saillie décorent le soubassement de chacune de ces tours, et caractérisent les vertus cardinales. La tour du sud-ouest est la tour de la Justice : une victoire et un jugement fameux rappellent cette vertu. La victoire de David sur le géant Goliath : c'est bien la Justice qui a dirigé la fronde du jeune berger pour renverser l'ennemi du peuple de Dieu ; le jugement de Salomon, de ce prince magnifique, plein de sagesse, qui, pour découvrir la vraie mère, a su lui arracher un cri du cœur.

La tour nord-ouest est la tour de la Force. Nous y voyons

d'abord Samson, animé de l'esprit de Dieu, déchirant un lion comme il eut déchiré un jeune chevreau, puis Jacob terrassant l'ange du Seigneur :

> Les reins tendus, heurtant leur poitrine sonore,
> Et, dans un âpre effort, arcant leurs durs genoux,
> Le Pasteur d'Idumée, et l'Ange aux cheveux roux,
> Dans le désert se sont battus depuis l'aurore.
> Louis MERCIER (inédit).

La Prudence figurée par un serpent, la Tempérance figurée par un frein, donnent leur nom et leur symbole aux deux tours de l'abside qui dominent la verdoyante colline.

Façades latérales.

Les façades latérales n'offrent pas au regard des éléments moins variés. Là les deux tours extrêmes donnent à l'ensemble une symétrie, une pondération qui font ordinairement défaut aux élévations longitudinales des édifices de cette nature. Trois immenses baies, subdivisées par des colonnettes de granit rose, occupent trois travées que séparent de gigantesques contreforts. Ces contreforts n'ont pas, comme dans la cathédrale du moyen âge, la physionomie d'une buttée destinée à consolider un mur; ils font corps avec l'édifice, participent de son architecture, sont couronnés de la même corniche et s'accusent comme des bastions avancés. C'est sur la façade latérale nord qu'il faut juger de ces dispositions énergiques ; la grandeur, la majesté, la simplicité de cette ordonnance colossale, reportent invinciblement l'esprit jusqu'aux âges lointains de l'art oriental. C'est bien là la sainte Sion ; ce sont les remparts de Jérusalem, mais ces remparts ne rappellent en rien les luttes sanglantes et fratricides de l'homme contre l'homme. Transformés par la poésie d'une architecture brillante, ils symbolisent la puissance toute pacifique de la Reine qu'ils abritent. Des figures colossales d'anges protecteurs, armés d'épées et de boucliers, décorent les sommets de ces grands murs et achèvent de préciser cette noble idée d'une force toute mystique : *Sicut turris David collum tuum, quæ ædificata est cum propugnaculis; mille clypei pendent ex ea (Cant., IV, 4).*

Dans le soubassement s'ouvrent les baies étroites et basses de la crypte. Ces vides, loin d'affaiblir les assises inférieures de l'édifice, ajoutent à son caractère, grâce à la solidité des colonnettes accouplées qui les subdivisent ; des baies aveugles renforcent d'ailleurs la construction dans chacun des angles rentrants des contreforts ; ces baies sont décorées de rameaux d'essences diverses empruntés à la magnifique énumération de l'*Ecclésiastique* au chapitre XXIV :

> *Quasi cedrus exaltata sum,*
> *Quasi cypressus in monte Sion.*
>
> *Quasi palma in Cades,*
> *Quasi plantatio rosæ.*
>
> *Quasi oliva speciosa,*
> *Quasi platanus in plateis.*
>
> *Sicut cinnamomum,*
> *Quasi myrrha electa.*
>
> *Quasi balsamum non mistum,*
> *Quasi terebinthus.*

Les plantes les plus rares et les plus odorantes chantent

ainsi un hymne à la louange de Celle qui couvrira la terre des parfums de ses vertus.

Au-dessus de ces baies se développe, dans chacune des trois travées, une frise symbolique de scènes de la vie d'Israël. Ces compositions glorifient à la fois et la Vierge attendue, figurée par les saintes Femmes de l'Ancien Testament, et les vertus qu'elles ont pratiquées sous l'inspiration divine.

La travée extrême, à l'ouest, est consacrée à la Foi, la travée centrale à l'Espérance, la travée extrême de l'orient à la Charité. La Foi, figurée par une femme assise, porte dans ses mains sur un disque le nom trois fois saint de Jéhovah. Sa tête est couronnée, son pied droit s'appuie sur un rocher, son attitude accuse la fermeté dans la paix.

A droite de cette sainte image, nous voyons le passage de la mer Rouge : les eaux miraculeusement séparées retombent avec fracas sur elles-mêmes pour engloutir Pharaon et sa cavalerie. Le peuple de Dieu est sauvé ; Marie, sœur d'Aaron, agite un tambourin, elle exhale dans un cantique sa foi et sa reconnaissance : *Cantemus Domino; gloriose enim magnificatus est, equum et ascensorem ejus dejecit in mare* (*Exod.*, xv, 21).

En regard du cantique de Marie la prophétesse, c'est, à gauche, le cantique de Débora. Sisara, chef des Chananéens, poursuivi par Barac, chef d'Israël, se réfugie épuisé dans la tente de Jahel. Jahel, comme plus tard Judith, enfonce le clou de sa tente dans la tête de Sisara endormi. Débora chante la délivrance d'Israël et la mort de l'ennemi du Seigneur : *Ego sum, ego sum, quæ Domino canam, psallam Domino Deo Israel* (*Jud.*, v, 3.)

Ces chants de triomphe à la gloire du Dieu sauveur sont

comme le prélude du *Magnificat* de Marie : *Et exsultavit spiritus meus in Deo salutari meo* (*Luc.*, I, 47).

La travée centrale est la travée de l'Espérance. Cette aimable vertu est assise, comme la Foi, sur un trône. Ses yeux regardent le ciel, ses mains demi-étendues s'arrêtent dans une religieuse attente.

A sa droite est la grande scène de Judith victorieuse. Judith, parée de tous ses ornements, revient à Béthulie ; elle est suivie de sa servante ; elle présente aux anciens du peuple qui accourent la tête d'Holopherne, et montant sur un lieu plus élevé, elle s'écrie : *Laudate Dominum Deum nostrum, qui non deseruit sperantes in se; et in me ancilla adimplevit misericordiam suam* (*Judith*, XIII, 17-18).

A gauche, c'est aussi une sainte héroïne qui met en Dieu seul toute son espérance avant d'affronter la mort pour sauver le peuple : c'est Esther. Esther, revêtue de ses habits royaux, accompagnée de deux servantes, s'avance vers le roi ; elle s'appuie sur l'une de ses filles, ayant peine à se soutenir à cause de son extrême délicatesse, *præ nimia teneritudine corpus ferre non sustinens* (*Esth.*, XV, 6) ; l'autre servante porte sa robe qui traîne à terre :

Mes filles, soutenez votre reine éperdue,
Je me meurs !

Le roi, tendant à Esther son sceptre d'or, lui dit : Qu'avez-vous, Esther ; ne craignez point, la loi n'a pas été faite pour vous ! — Esther répond au roi : *O rex, si tibi placet, dona mihi populum meum, pro quo obsecro* (*Esth.*, VII, 3).

Comme Esther, Marie est l'avocate du peuple condamné ; comme Esther, Marie ne doit pas tomber sous le coup de la loi commune ; la loi de la déchéance originelle n'est pas faite pour elle : *Non enim pro te, sed pro omnibus hæc lex constituta est* (*Esth.*, xv, 13).

La troisième travée est consacrée à la Charité. La Charité est la reine des vertus. Substantiellement c'est Dieu même : *Deus charitas est*, et c'est pourquoi la travée orientale, la plus voisine du sanctuaire, lui est réservée. C'est une vierge noble et chaste, pleine de charme et de douceur. Elle est assise sur un trône plus élevé. Elle porte la main droite sur sa poitrine ; sa main gauche montre le ciel où se trouve la seule source et le seul objet du véritable amour.

Les ravissantes figures de Rébecca et de Rachel, si aimantes et si aimées, animent les deux scènes latérales.

« J'ai vu paraître Rébecca, qui venait avec son amphore qu'elle portait sur son épaule, et qui étant descendue à la fontaine y avait puisé de l'eau. Je lui ai dit : Donnez-moi un peu à boire. Elle aussitôt, ôtant son amphore de dessus l'épaule, m'a dit : Buvez vous-même, et je m'en vais donner aussi à boire à vos chameaux » (*Gen.*, xxiv, 45-46).

Le serviteur d'Abraham reconnaît à ces paroles celle que le Seigneur a choisie : *Ipsa est mulier quam præparavit Dominus filio domini mei* (*Gen.*, xxiv, 44.)

Un autre épisode de la vie patriarcale est représenté dans la scène symétrique. Jacob, continuant son chemin, arriva au pays qui est vers l'Orient ; il vit dans un champ un puits et trois troupeaux de brebis qui se reposaient auprès, et voici que Rachel arriva avec les brebis de son père, car elle menait elle-même paître le troupeau. Jacob, l'ayant vue, ôta la pierre qui fermait le puits, et il l'embrassa en pleurant (*Gen.*, xxix, *passim.*) : *Et ecce Rachel veniebat cum ovibus patris sui ; nam gregem ipsa pascebat* (*Gen.*, xxix, 9).

Marie, comme Rébecca, est la femme que le Seigneur a choisie entre toutes les femmes pour son divin fils qui doit naître; comme Rachel, elle conduit elle-même aux pâturages mystiques du Père les brebis qui sont confiées à sa garde.

La façade latérale, au midi, présente les mêmes dispositions, sauf, cependant, que la travée centrale est occupée par le vestibule circulaire qui lie la nouvelle église à l'ancienne chapelle, et établit une communication entre la crypte et l'église haute. Deux travées seulement seront donc honorées de la figure de deux vertus : l'Humilité et la Pureté.

Enveloppée dans un ample manteau, la Pureté caresse un petit agneau couché sur ses genoux; une colombe se pose sans crainte sur son épaule.

A sa droite est le triomphe de Jephté et le sacrifice de sa fille. Jephté, vainqueur des enfants d'Ammon, rentre dans sa maison; il fait le vœu d'immoler au Seigneur le premier qui sortira pour le saluer dans sa victoire. Sa fille unique s'avance à sa rencontre en dansant au son des tambours. Elle apprend le vœu de son père, elle accepte le sacrifice : *Pater mi, si aperuisti os tuum ad Dominum, fac mihi quodcumque pollicitus es* (Jud., XI, 36.) Il semble que l'on entende déjà le *fiat mihi secundum verbum tuum* de l'Annonciation angélique.

L'autre scène est empruntée au chapitre XIII de Daniel.

Daniel, assis au milieu des anciens du peuple, interroge les vieillards coupables. Ils sont convaincus d'imposture. Helcias et sa femme rendent grâces à Dieu pour Susanne, leur fille, avec Joachim, son mari, et tous ses parents, de ce qu'il ne s'était trouvé en elle aucune faute : *Laudaverunt Deum, quia non esset inventa in ea res turpis* (Dan., XIII, 63.) Ne sont-ce pas là les paroles liturgiques de l'office de l'Immaculée Conception : *Macula originalis non est in te?*

L'Humilité occupe enfin la dernière travée de la façade latérale au midi. L'Humilité, voilée d'un long voile, semble se cacher à tous les regards et méditer en elle, en face de son néant, les grandeurs de Dieu.

Ruth et Abigaïl, beaux types d'humilité, fournissent les deux sujets symboliques.

Booz, venant de Bethléem, visite les moissonneurs. Ruth glanait dans son champ. Booz dit à Ruth : « N'allez pas dans un autre champ, joignez-vous à mes filles, suivez partout où l'on aura fait la moisson. » Ruth, se prosternant le visage contre terre, adora et elle dit à Booz : « J'ai trouvé grâce devant vos yeux. Vous avez parlé au cœur de votre servante : *Inveni gratiam apud oculos tuos, domine mi... locutus es ad cor ancillæ tuæ* » (*Ruth*, II, 13.)

Pour apaiser David irrité, Abigaïl, femme de Nabal, prend des pains, des fruits et divers présents ; elle met tout cela sur des ânes et s'avance au-devant du roi. Abigaïl, ayant aperçu David, descend de dessus son âne et se jette à ses pieds : *Consurgens adoravit prona in terram, et ait : Ecce famula tua sit in ancillam* (I *Reg.*, XXV, 41.)

Ces deux scènes charmantes ne nous donnent-elles pas comme un écho prophétique de l'*Ecce ancilla Domini* qui doit assurer le salut du monde ?

Ainsi sont glorifiées ces grandes vertus dont les fruits ne devaient mûrir que sous les rayons de la loi de grâce, mais qui embaumaient déjà de leurs parfums la saison de l'attente.

Ainsi sont glorifiées ces saintes femmes, pâles images de Celle qui s'avancera bientôt, revêtue du soleil, ayant la lune à ses pieds, et une couronne de douze étoiles sur la tête (*Apoc.*, XII, 1.)

Le moyen âge, en mettant un bandeau sur les yeux de la synagogue et un flambeau dans la main de l'Eglise, avait exprimé d'une façon heureuse ces obscurités des symboles rapprochés des lumières de l'Evangile. Mais Bossuet, cherchant à peindre, dans la majesté d'un incomparable langage, l'éclat de l'âme chrétienne qui, s'approchant toujours de Dieu, va s'évanouissant peu à peu dans les rayonnements du soleil de justice, nous semble avoir décrit d'une manière plus merveilleuse les effacements de la figure devant les splendeurs de la réalité :

« Je me suis levé pendant la nuit avec David, *pour voir vos cieux qui sont les ouvrages de vos mains, la lune et les étoiles que vous avez fondées* (Ps. VIII, 4.) Qu'ai-je vu, ô Seigneur ? Le soleil s'avançait, et son approche se faisait connaître par une céleste blancheur qui se répandait de tous côtés ; les étoiles étaient disparues, et la lune s'était levée avec son croissant d'un argent si beau et si riche que les yeux en étaient charmés... A mesure qu'il approchait, je la voyais disparaître ; le faible croissant diminuait peu à peu ; et quand le soleil se fut montré tout entier, sa pâle et débile lumière s'évanouissant se perdit dans celle du grand astre qui paraissait, dans laquelle elle fut comme absorbée... et la place du croissant ne parut plus dans le ciel, où il tenait auparavant un si beau rang parmi les étoiles. (1) »

Il en est ainsi des symboles charmants que nous venons de voir si heureusement taillés sur les parois extérieures du monument. Les Rébecca, les Rachel, les Judith, les Esther sont les pâles reflets de la Vierge promise, ce sont les célestes blancheurs qui précèdent l'aurore, et qui vont se perdre dans la radieuse lumière de Marie, dont nous saluerons les joies, les douleurs, et les gloires mystérieuses, au milieu des richesses de la crypte et de l'église supérieure.

(1) *Traité de la concupiscence,* XXXII.

III

COUP D'ŒIL SUR LA CRYPTE ET L'ÉGLISE HAUTE

Au pied du grand perron de la façade du monument s'élève un édicule remarquable par son allure sévère : C'est l'entrée de la crypte. Une image colossale du Lion de Juda, taillée dans le granit, le couronne. Deux pylones portent gravées en lettres d'or ces inscriptions bibliques qui chantent la victoire et le triomphe dans la paix de l'animal divin :

Ecce vicit Leo de tribu Juda. (Apoc., v, 5.)
Requiescens ut Leo accubuisti. (Gen., XLIX, 9.)

Le visiteur qui franchit pour la première fois les portes basses de cette entrée et descend le majestueux escalier qu'il rencontre, éprouve une impression étrange quand son regard a pu saisir dans une demi-obscurité l'ensemble du vaisseau : un je ne sais quoi de mystérieux et de solennel le saisit, instinctivement il se découvre, et l'on se tait ; c'est bien ici la maison de Dieu. Une série de colonnes accouplées et trapues porte, solidement assise sur de larges tailloirs, une voûte surbaissée ; des fenêtres rares et relativement petites distribuent une lumière suffisante, mais qui ne pénètre que discrètement derrière les énormes supports de cette architecture puissante. Nous ne connaissons que la crypte de Chartres qui puisse rivaliser de majesté, j'allais dire de terreur religieuse, avec notre crypte de Fourvière. Bossan aimait à chercher dans la nature, non pas des formes architecturales, elles ne s'y rencontrent pas, mais des types révélateurs de certaines harmonies. Lorsqu'il poursuivait l'étude d'un édifice imposant, il avait devant les yeux le bœuf d'Auvergne. Les formes nobles et puissantes du magnifique animal guidaient et inspiraient son esthétique; elles lui apprenaient que, dans un ensemble d'une physionomie robuste, tout doit participer de ce caractère, et que l'on n'atteint au style que par l'unité, je veux dire les convenances rythmiques de toutes les parties.

Nous voyons en effet dans notre crypte l'application persévérante de ce principe. Tout dans la sombre nef accuse la force : les profils sont fermes, les ornements ramassés, les assises hautes, les points d'appui trapus. Les larges archivoltes exigent des entablements qui débordent largement le chapiteau ; la colonne, surchargée par ces masses, les soutient cependant avec une force qui n'est pas sans élégance, grâce à l'épatement inusité de la base, grâce à la concordance de tous les éléments, et des parties portantes et des parties portées. Nous sommes bien là en présence du bœuf dont la majestueuse allure atteste si bien la tranquille puissance.

Entrons maintenant dans l'église supérieure. Quel contraste! quelle lumière! quelle sveltesse! Les colonnes délicates, mais fermes, se dressent sur des piédestaux élevés, richement décorés de guirlandes et de colombes. Des chapiteaux pleins de sève, élégants comme les colonnes dégagent leurs volutes souples et amples de corbeilles d'acanthes variées, et s'épanouissent avec grâce et abondance; au-dessus des tailloires, des oiseaux aux ailes déployées décorent l'entablement, et s'élancent aux voûtes avec tout ce système d'architecture ascendante. Plus haut, des anges debout prolongent la ligne verticale jusqu'au départ des arcs doubleaux tracés en ogive. Des nervures fines et délicates à leur naissance montent et se développent suivant le galbe d'un fuseau pour soutenir la couronne supérieure enrichie de feuillages, de fleurs et de chérubins. Là aussi, l'unité poursuivie est atteinte, mais dans un autre type. Comment ne pas reconnaître dans l'ordre de cette composition les éléments harmonisés de l'architecture antique et en même temps les lignes verticales, les aspirations mystiques du moyen âge? Il n'y a pas là juxtaposition de deux principes étrangers l'un à l'autre, étonnés de se voir réunis; il y a alliance, union intime, équilibre harmonique. La sveltesse et l'élégance des masses affecte tous les détails : rinceaux, oves, fleurons, tout est délicat, tout est précieux, ainsi dans la gazelle les membres fins et souples participent de la souplesse et de l'élégance de l'ensemble.

Que dire maintenant de la splendeur lumineuse qui se répand dans l'immense vaisseau pour faire scintiller les ors, les émaux des mosaïques, les imbrications des marbres les plus riches et les plus variés, les beaux socles de Carrare, les fûts monolithes des colonnes, l'éclat irisé des verrières? C'est une fête aux yeux, c'est le palais de la plus puissante des reines, c'est la maison d'or de la plus pure des vierges, *nihilque erat in templo quod non auro tegeretur* (III Reg., VI, 22).

A voir le plan de l'édifice, le vaisseau est divisé en trois nefs sur sa largeur, en trois travées sur sa longueur, et chaque travée est couronnée par une coupole d'une courbe modérée. Mais l'œil du visiteur n'est pas impressionné par cette subdivision architecturale. Il s'égare dans un immense vide; il voit au-dessus de lui un velum d'or tout frissonnant de lumière; les colonnes élégantes qui le soulèvent plutôt qu'elles ne le supportent, loin d'offusquer le regard, le laissent se jouer librement dans ce grand espace plein d'air, de soleil et de vie. A coup sûr, l'écrin est riche, mais cette richesse n'est pas de la profusion, car l'ordre et la raison y règnent en souverains. Ici, la belle matière des supports est apparente, et l'ossature de la construction conserve son caractère ; là, au contraire, les parois de la muraille, le nu des voûtes, la masse inerte des remplissages sont couverts d'ors, de couleurs, de rinceaux et d'emblèmes. Le rôle logique de chacun des éléments est énergiquement écrit, et les broderies du vêtement, tant splendides soient-elles, loin de gêner les membres dans leur fonction, les facilitent et les accusent avec franchise. De là résulte un concert qui satisfait l'esprit et le laisse dans la paix.

C'est ainsi que le corps humain est harmonieux et divers, c'est ainsi qu'il est un.

On a dit que si la musique est une architecture de sons, l'architecture est une symphonie de lignes. Je ne pense pas que depuis les temps antiques aucun édifice puisse revendiquer avec plus de droit que Fourvière l'honneur de cette comparaison, et j'appliquerai sans crainte à cet ouvrage ce beau nom de symphonie qui rappelle le génie d'Haydn, de Mozart et de Beethoven. Je dirai volontiers que les dehors du colossal monument sont traités à la manière d'un récitatif calme, grave, imposant et sévère, et qu'à l'intérieur, par un heureux contraste, se font entendre les modulations harmonieuses d'une mélodie expressive.

Un jour qu'un de ses élèves disait au maître de l'œuvre comme pour le tenter : « Le musicien est heureux, il peut par son art arracher des larmes. — C'est vrai, répondit Bossan, mais ne soyons pas jaloux et n'accusons que nous-mêmes : l'architecture ne peut-elle pas produire cette admiration sans lassitude qui s'appelle l'extase ! — L'extase, voilà ce que l'architecte devrait tendre à poursuivre par son ouvrage. »

Le pèlerin de Fourvière saura dire si cette suprême ambition du maître a été réalisée.

IV

SYMBOLISME DE L'ÉGLISE SUPÉRIEURE

Le Dante, pour ne pas s'égarer dans les voies mystérieuses de son divin voyage, met humblement la main dans la main du sage Virgile. Un guide plus éclairé nous conduira dans le domaine non moins mystérieux pour nous de la liturgie sacrée ; nous suivrons les pas de dom Guéranger (1), nous emprunterons les admirables commentaires de son *Année liturgique* pour commenter les symboles, les emblèmes, les scènes évangéliques que nous allons rencontrer dans l'église supérieure et dans la crypte. La crypte est consacrée au culte de saint Joseph : nous y trouverons toute l'histoire du saint patriarche ; l'église supérieure est dédiée à la sainte Vierge, sous le vocable de l'Immaculée Conception.

Le sanctuaire.

Cette insigne prérogative de Marie est honorée dans le sanctuaire à l'autel majeur. C'est là le point central de la basilique, c'est le *cœur* de l'édifice, c'est le lieu saint par excellence. Dès l'entrée tous les regards se dirigent vers ce

---

(1) Sous cette forme poétique un peu ambitieuse, le lecteur voudra bien reconnaître l'aveu très sincère des emprunts considérables que nous avons faits à l'illustre bénédictin dans la description des chapelles de la basilique : la source de nos commentaires étant ainsi une fois désignée, les yeux ne seront pas fatigués par des renvois superflus.

trône magnifique. Deux lions le précèdent : tranquillement assis sur leurs socles de marbre, les fiers animaux semblent avoir conscience de cette garde d'honneur. Deux lions gardaient ainsi le trône de Salomon : *Et duo leones stabant.* (III Reg., x, 19.)

Surélevé de plusieurs marches au-dessus du sol de la nef, l'autel est établi sous un riche ciborium, don magnifique du cardinal Caverot. Ce petit temple placé dans le grand couvre la table du sacrifice, honore et glorifie le tabernacle, abrite la statue de l'Immaculée Conception. Le dais est un honneur réservé à la souveraineté, pouvait-on le refuser à la Reine du ciel? Le gracieux édicule tout brillant de pierreries, de bronze et de marbres précieux, est supporté par six colonnes de porphyre vert; sa voûte en émail est enrichie de fleurs et de chérubins. Au centre de ce cadre mystique, dans un nimbe d'or, brille encore le nom de Jéhova; ce nom que l'ancienne alliance avait environné d'une terreur profonde ne reparaîtra pas dans nos décorations emblématiques; il cédera désormais la place aux doux noms de Celui qui veut naître d'une Vierge, et de Celle qui est la Mère de l'Enfant-Dieu.

Mais le Seigneur s'est souvenu de ses promesses : l'Immaculée Conception annoncée dès le jour de la chute est donnée à la terre. Voilà, sur un socle délicat de marbre vert de Suède qu'enveloppe dans un repli tortueux le serpent vaincu, la blanche image de Marie taillée dans un beau bloc de Carrare. Sa tête est couverte d'un voile, symbole de pureté; son regard plein de tendresse semble adresser aux fidèles un appel silencieux; ses mains virginales portent le petit Enfant Jésus qui élève le bras pour bénir. Une auréole d'orfèvrerie entoure la belle figure qui s'enlève ainsi sur un fond d'or, scintillant aux mille flammes d'un luminaire qui ne s'éteint jamais. Sur le parement de l'autel, c'est encore la Vierge Immaculée, dispensatrice des divines miséricordes. Elle est assise dans la gloire sur un fond de lis et de roses; ses mains étendues délient les chaînes de nos premiers parents. Saisis d'une admiration reconnaissante et respectueuse, Adam et Eve sont humblement prosternés devant la Co-rédemptrice du genre humain. Quatre anges cariatides portent la table de l'autel : ils présentent dans leurs mains des philactères sur lesquels sont inscrits les titres de la puissance de Marie : *Gratia plena — Dominus tecum.* Sur le retable, des anges musiciens chantent un cantique nouveau en l'honneur de Celle qui a vu s'abaisser devant Elle la barrière humiliante qui arrête tout enfant d'Adam venant en ce monde. Debout sur les colonnes du ciborium, Anne et Joachim unissent leur voix au concert angélique.

Victorieuse du serpent dès l'heure de sa conception, la Vierge Immaculée voit à ses pieds les trophées de ses victoires dans la suite des âges. La mosaïque du sol autour de l'autel renferme, en effet, dans une série de dix médaillons richement encadrés, les hérésies vaincues : *Cunctas hæreses sola interemisti in universo mundo.* C'est d'abord le père des hérésies, le dragon infernal aux sept têtes : *Ecce draco magnus habens capita septem* (Apoc., XII, 3). Le prêtre le foule aux pieds lorsqu'il s'avance à l'autel pour prier le Dieu qui réjouit sa jeunesse. Vient ensuite l'arianisme sous la forme d'un sanglier monstrueux qui ravage la vigne du Seigneur. Le nom de l'hérésie est marqué en exergue avec la date de sa condamnation par l'Eglise, au-dessous de l'animal, tandis qu'au-dessus sont inscrites les paroles de l'Ecriture qui nomment la bête malfaisante : *Exterminavit eam aper de silva.* (Ps. LXXIX. 14.)

Après Arius, c'est Macedonius; son erreur est figurée par un poisson vorace : *Piscis immanis exivit ad devorandum* (Tob. VI, 2).

Puis c'est Eutychès : un vautour cruel emporte une pauvre colombe : *Devorabunt eos aves morsu amarissimo* (Deut. XXXII, 24).

Vient ensuite Nestorius, l'ennemi direct de la Mère de Dieu : un serpent mauvais fascine un petit oiseau engagé dans ses replis tortueux : *Serpens erat callidior cunctis* (Gen. III, 1).

Les iconoclastes, sous la forme de renards dévasteurs, se disputent des pampres chargés de feuilles et de fruits : *Vulpes quæ demoliuntur vineas* (Cant. II, 15).

Une chauve-souris hideuse représente le dieu du mal des manichéens : *ut adoraret vespertiliones* (Is. II, 20).

Le luthérianisme est figuré par un oiseau de proie aux ailes énormes; ses serres cruelles emportent une timide brebis. L'inscription supérieure : *Ille fur est et latro* (Joan. X, 1) indique assez que l'instigateur de cette orgueilleuse révolte a ravi des royaumes à l'Eglise.

La vipère convenait au jansénisme perfide. Le dard de l'animal redoutable perce au cœur un bel oiseau qui se meurt : *Occidet lingua viperæ* (Job. XX, 16).

Le cycle de ces lamentables insurrections se termine enfin par la grande erreur moderne, l'hérésie contemporaine que le concile du Vatican a condamnée sous le nom de naturalisme. Elle est légion celle-là, elle nie toute vérité surnaturelle. Enivrée de science et de l'orgueil de la vie, elle ne croit qu'à ce que peut atteindre son regard ou sa main, c'est dire assez qu'elle va s'abrutissant dans un domaine bien étroit où elle trouve cependant *je ne sais quel charme affreux qui est le plus épouvantable des châti-*

ments (1). Les vers de terre caractériseront à merveille et le nombre immense des pauvres âmes atteintes de ce mal néfaste qui donne la mort, et l'œuvre de dévastation latente à laquelle elles se livrent chaque jour : *Vastabitur vermibus vinea* (Deut. xxviii, 39). La vigne du père de famille que nous avons vue à la gauche du dragon, ravagée par les bonds furieux du sanglier d'Arius, reparaît ici ruinée lentement par le travail incessant de mille animalcules obscurs. Mais la Reine de notre sanctuaire est à la fois invaincue et invincible. Elle saura sauver l'héritage du divin Jardinier : *Gaude Virgo Maria, cunctas hæreses sola interemisti in universo mundo.*

Pour ajouter aux splendeurs du trône royal, et donner à la Vierge Immaculée une cour digne d'Elle, les sept verrières de l'abside sont enrichies de 28 figures de vierges chrétiennes. Dans les trois verrières centrales brillent triomphantes les vierges martyres : sainte Thècle, l'illustre convertie de saint Paul, et notre chère sainte Blandine, comme elle livrée aux bêtes de l'amphithéâtre, sainte Philomène et sainte Reine, sainte Agnès et sainte Agathe, sainte Lucie, sainte Anastasie, sainte Cécile, sainte Catherine, sainte Ursule, sainte Foy. Les deux verrières suivantes sont consacrées aux vierges dans le monde, soit qu'elles appartiennent à la famille des humbles avec Geneviève, la bergère de Paris, Germaine, la bergère de Pibrac, Gertrude et Zita pauvres servantes ; soit qu'au contraire elles soient nées de races antiques : sainte Marthe de Béthanie, sainte Pudentienne et sa sœur sainte Praxède, nobles romaines, et notre sainte Pétronille dont le corps repose dans la basilique vaticane, où elle est honorée comme protectrice de la

---

(1) *Soirées de Saint-Pétersbourg*, IVe entretien.

France. Dans les deux verrières extrêmes, les vierges du cloître complètent le ravissant cortège : sainte Scholastique, bénédictine, sainte Julienne, cistercienne, sainte Claire, franciscaine, sainte Roseline, chartreuse, sainte Catherine, dominicaine, sainte Angèle, ursuline, sainte Thérèse, carmélite, et enfin la bienheureuse Marguerite-Marie, visitandine. Tous les cloîtres sont représentés dans cette noble assemblée. Vierges sages, vous avez mis dans vos lampes l'huile sainte de la prière, et cette prière s'élève sans cesse pour chanter ici la Reine des vierges et adorer l'Epoux divin renfermé dans le tabernacle que vous entourez.

La présence réelle est affirmée sur les parois de l'avant-chœur, dans une mosaïque précieuse. Des aigles magnifiques aux ailes déployées prennent leur essor, leur regard cherche le soleil ; des oiseaux brillants voltigent parmi les branches verdoyantes d'une belle végétation. Ce sont les symboles figuratifs des âmes qui cherchent l'Eucharistie : *Ubicumque fuerit corpus illic congregabuntur et aquilæ.*

(Matt. xxiv. 28)

En face, du côté de l'évangile, est exprimé le fruit de l'Eucharistie, l'immortalité. Des paons, images de la résurrection, étalent au milieu de rinceaux et de palmiers superbes ce merveilleux plumage qui, suivant une charmante expression de Bossan est un des *riches excès du Créateur.* Cette grande composition est la traduction fidèle d'une belle pensée de saint Antoine de Padoue, dont le texte encadre le motif : *au jour de la résurrection universelle, alors que tous les arbres, je veux dire tous les saints, commencent à reverdir, ce paon, image de notre corps, dépouillant les plumes de la vie mortelle, recevra celles de l'immortalité : In generali resurrectione qua omnes arbores, id est omnes sancti incipiunt virescere, pavo ille corpus nostrum qui mortalitatis pennas abjecit, immortalitatis recipiet* (Serm., fer. 5, post Trinit.).

Si nous avons vu l'erreur humiliée sur le sol dans ces figures que l'on foule aux pieds, nous voyons la vérité et ses fruits glorifiés sur les parois verticales que l'on honore en leur prodiguant toutes les richesses de l'art et de l'industrie.

Les stalles, bel ouvrage de menuiserie sorti des ateliers d'apprentissage de M. l'abbé Boisart, sont enrichies du nom et des emblèmes de ces vertus qui ont fait de Marie le plus beau tabernacle de l'Homme-Dieu, et qu'elle nous a léguées pour être l'honneur et l'apanage de la vie chrétienne. Dans le dorsal de chaque stalle, le nom d'une vertu est inscrit sur fond d'or, en lettres d'ébène. Un rameau symbolique sculpté autour du cartouche dans la masse d'un beau chêne clair se détache sur un champ d'ivoire. Ces tons précieux du chêne, de l'ébène et de l'ivoire s'harmonisent avec les scintillements des mosaïques environnantes.

Devant les stalles s'étend un beau tapis de marbre au centre duquel est encore le démon sous la forme du serpent tentateur. Nous l'avons vu, dans le sanctuaire vaincu, sous le pied virginal de Marie; nous le voyons ici menteur et triomphant avant sa première victoire sitôt suivie de sa défaite définitive; il tient entre ses dents venimeuses la pomme de la tentation : *Dixit autem serpens ad mulierem nequaquam morte moriemini* (Gen., III, 4).

Tel est le sanctuaire, telles sont ses richesses symboliques. Cette royale enceinte est limitée par une table de communion magnifiquement sculptée dans le Carrare le plus pur. Au milieu d'un bouquet de palmes abondantes de petites colombes becquètent au pied de la croix, ici une gerbe de blé mur, là une coupe pleine de raisins. On remarquera que ces marbres présentent sur leur partie supérieure, non pas l'étroite moulure qui couronne d'ordinaire une clôture, mais bien une large surface qui affirme avec franchise le rôle du motif : c'est une table, ce n'est pas une barrière, c'est la table du banquet eucharistique, dont nous venons de voir les mets divins, et les convives figurés dans le marbre profondément fouillé : *Manducaverunt et saturati sunt nimis et desiderium eorum attulit eis Dominus, non sunt fraudati in desiderio suo* : ils furent pleinement rassasiés et ils ne furent pas frustrés dans leurs désirs (Ps., LXXVII, 29).

Les huit chapelles.

Nous allons parcourir maintenant dans les huit chapelles de la nef les fastes sacrés de la vie de la sainte Vierge depuis sa naissance jusqu'à son couronnement dans la gloire.

NATIVITÉ DE LA SAINTE VIERGE

La chapelle la plus voisine du sanctuaire dans la nef de l'évangile, est la chapelle de la Nativité. Saint Joachim reçoit dans ses mains ravies la Vierge des vierges enveloppée de langes. Sainte Anne contemple avec amour la très sainte Enfant. Sur le fronton de l'édicule la tige de Jessé enroule dans ses rinceaux élégants, les deux figures des plus illustres ancêtres de Marie, David et Salomon. Une fleur magnifique couronne la tige, et dans cette fleur brille en lettres d'or le monogramme de Notre-Seigneur. La parole prophétique d'Isaïe explique la fleur mystérieuse : *Virga de radice Jesse* (Isa., XI, 1.)

PRÉSENTATION DE LA SAINTE VIERGE AU TEMPLE

La chapelle suivante nous montre la petite Marie à peine âgée de quatre ans montant les degrés du temple. Sainte Anne et saint Joachim présentent au grand prêtre cette fleur admirable qui veut exhaler ses parfums près de l'autel de son Dieu, comme un encens d'agréable odeur : *Quasi thus redolens* (Eccl., L., 8).

ANNONCIATION

Mais les temps sont accomplis ; l'antique promesse, objet des espérances du monde depuis quatre mille ans, va se réaliser. Marie est cette femme par qui doit être levée la malédiction qui pèse sur notre race. Elle est seule dans sa pauvre demeure, Elle prie. Le radieux archange descend du ciel pour saluer la nouvelle Eve et pour recevoir au nom de la très sainte Trinité ce *fiat* solennel qui doit renouveler la création, ce second *fiat lux* qui donnera à notre terre dans le chaos un nouveau soleil. La chapelle de l'Annonciation nous fait assister au mystérieux colloque. A Nazareth comme dans l'Eden une vierge est interpellée par un ange. Mais l'ange du paradis terrestre est un esprit de ténèbres, celui de Nazareth est un esprit de lumière : « Salut ô pleine de grâce, le Seigneur est avec vous, vous êtes bénie entre les femmes. Ne craignez rien, ô Marie, vous avez trouvé grâce devant le Seigneur. Voici que vous concevrez et enfanterez un fils, et vous l'appellerez Jésus. Il sera grand, Il sera appelé le Fils du Très-Haut, et le Seigneur Lui donnera le trône de David son père, et Il régnera sur la maison de David à jamais et son règne n'aura pas de fin. » La Vierge très prudente ne se laisse pas éblouir par ces sublimes destinées; Elle se trouble, Elle se recueille, Elle ne saurait renoncer au pacte qui a consacré sa virginité au Seigneur. Mais l'ange ravi : « La Vertu du Très-Haut Vous couvrira de son ombre, et c'est pour cela que Ce qui naîtra de Vous sera appelé le Fils de Dieu. » Marie s'incline dans une parfaite obéissance et dit au céleste envoyé : « Voici la servante du Seigneur, qu'il soit fait selon votre parole. » Le fronton de notre chapelle exprime dans un langage figuré les pensées qui se sont partagé le cœur de la très sainte Vierge, alors que le salut du genre humain était comme suspendu à ses lèvres : virginité consacrée sans repentance, maternité humblement acceptée, douleurs inénarrables déjà pressenties, gloires toutes divines entrevues.

VISITATION

Gabriel s'est retiré emportant avec lui le secret divin qu'il n'est point chargé de communiquer au monde. Mais la terre a donné son fruit et il est quelqu'un pour qui l'Emmanuel n'aura ni secret ni retard. A peine l'Epoux a-t-il pris possession du sanctuaire sans tache où doivent s'écouler les neuf premiers mois de son habitation parmi les hommes, à peine le Verbe s'est fait chair, et Notre-Dame instruite au dedans du désir de son Fils, se rend en toute hâte vers les montagnes de la Judée. C'est le mystère, c'est la chapelle de la Visitation. Le voici qui vient bondissant sur les montagnes, franchissant les collines : *Ecce iste venit saliens, transiliens colles* (Cant. II, 8).

L'Enfant-Dieu sanctifiant son précurseur se révèle à

Jean par la voix de Marie : *Ubi facta est vox exultavit infans* (Luc, I, 44). Voix de la tourterelle qui met l'hiver en fuite et annonce le printemps, les parfums et les fleurs ! Marie chante le cantique de l'extase sereine qui marque la possession du Dieu longtemps attendu : *Et exultavit spiritus meus in Deo salutari meo* (Luc, I, 47). Dans le fronton de la chapelle, l'enfant qui doit naître d'Elisabeth s'agenouille devant l'Enfant qui doit naître de la Vierge.

NOTRE-DAME DE BON-CONSEIL

Passant de la nef de l'évangile à la nef de l'épître, nous rencontrons au bas de l'église la chapelle des Noces de Cana, la sainte Vierge y est honorée sous le nom de Notre-Dame de Bon-Conseil.

Un festin est préparé, un festin nuptial, la Mère de Jésus y assiste. Après avoir coopéré à l'incarnation du Verbe elle coopère à ses œuvres. « Ils n'ont point de vin », dit Marie à son Fils, puis s'adressant aux serviteurs : « Faites ce qu'Il vous dira. » Les six vases sont remplis d'eau. « Puisez, maintenant, dit alors le Fils de Dieu. » *Le vin de le nouvelle alliance, ce vin qui était réservé pour la fin* remplit les vases. Ces vases de Cana, figures de nos âmes, sont taillés dans la pierre du fronton, un cep de vigne étend ses rameaux féconds et présente sur chacun d'eux un raisin magnifique. Le Christ qui est la vraie vigne peut seul donner ce vin qui réjouit le cœur de l'homme et nous offrir à boire le calice enivrant qu'avait chanté David.

NOTRE-DAME-DE-COMPASSION

S'incarner pour mourir, et mourir pour nous sauver, tel est le plan divin auquel s'est soumis le Verbe ; donner au monde d'abord, puis offrir à Dieu la Victime du rachat, telle est la mission dévolue à Marie dans l'ensemble de ce plan (1), et c'est pourquoi nous la voyons debout au pied de la croix dans la chapelle du Calvaire. C'est Notre-Dame-de-Compassion. Les emblèmes et les inscriptions du fronton expriment les instruments et l'immensité de cette douleur surhumaine : *Velut mare contritio tua* (Thr., II, 13). Marie eut une puissance de souffrir proportionnée à sa puissance d'aimer (2). Le centurion qui perce de sa lance le cœur du Sauveur crucifié, dans notre retable, nous indique que cette chapelle de Notre-Dame-de-Compassion sera aussi la chapelle du Sacré-Cœur. Il n'était pas possible de ne pas donner à Fourvière une place au Sacré Cœur; il n'était pas possible de donner à cette dévotion une place secondaire ; il n'était pas possible de lui donner la place principale. On a pensé que l'ordre historique du développement des mystères indiquait la position convenable, et l'on a choisi pour siège à la dévotion du Sacré Cœur la chapelle du Calvaire, parce que c'est au Calvaire que le Fils de Dieu ne pouvant se garder, ni se contenir, s'est donné dans la mesure de son amour, jusqu'à l'extrême, jusqu'à l'infini : *In finem dilexit* (Joan., XIII, 1) (3).

LE CÉNACLE

Dans la chapelle suivante, Marie est au Cénacle, asile sacré du recueillement et de la paix. Autour d'Elle est assemblé le collège apostolique, contemplant avec ravissement Celle dont les traits augustes lui rappellent le Sei-

---

(1) *Le Sacrifice*, par l'abbé BUATIER, p. 198.
(2) *Id.*, p. 205.
(3) *Id.*, p. 184.

gneur absent. Tout à coup une pluie silencieuse se répand dans l'intérieur de l'édifice, pluie de feu qui éclaire sans brûler, qui luit sans consumer, et des langues enflammées se posent sur la tête de la vraie Mère des vivants et des douze apôtres. C'est l'Esprit divin qui vient prendre possession de cette auguste assemblée, c'est l'Esprit divin qui vient proclamer en Marie une maternité nouvelle et apporter aux apôtres la Sagesse et l'Intelligence, le Conseil et la Force, la Science et la Piété, la Crainte du Seigneur. C'est l'Esprit divin qui vient établir l'unité, la sainteté et la catholicité de l'Eglise. Depuis ce jour mémorable, l'Eglise n'est étrangère nulle part, elle parle toutes les langues des nations. Les sept colombes que nous voyons sur le fronton, dans la gloire d'une brillante auréole, représentent ces dons, ces sept énergies qui doivent renouveler la face de la terre : *Et renovabis faciem terræ.* (Ps., CIII, 30.)

ASSOMPTION

Dans la dernière chapelle, nous assistons enfin au triomphe de Marie. De cette tombe où il ne reste que des fleurs nous la voyons s'élever, inondée de délices, entourée des Esprits célestes, monter, monter toujours, pour ne s'arrêter qu'aux confins de la Divinité sur ce trône où elle exercera jusqu'au delà des siècles l'universel empire de la clémence et de la bonté. Les figures plastiques, matérielles, sont ici impuissantes à exprimer tant de grandeur : sur notre pauvre fronton brille dans la gloire le monogramme de Marie entouré de roses d'or, couronné d'un diadème royal. Cette chapelle de l'Assomption clôt le cycle sacré. L'itinéraire que nous avons suivi pour le parcourir nous ramène dans le sanctuaire, au pied de la blanche statue que nous avons saluée au départ comme la Conception Immaculée établie à l'origine de la mystérieuse histoire, et que nous saluons au retour dans le triomphe de la gloire immortelle qui la couronne.

LES VOUTES ET LES MURS

Mais n'avons pas épuisé les enseignements symboliques ou historiques tracés sur les parois de notre église. Eblouis en quelque sorte par les scintillements des mosaïques, nous en avons admiré la note décorative, mais nous n'avons pas encore étudié le sens de ce somptueux revêtement des voûtes et des murs. Les trois coupoles chantent le divin commerce de la sainte Vierge et de la sainte Trinité. Les murailles des nefs disent les mystérieuses relations de la sainte Vierge et de l'Eglise, et ses ravissantes tendresses pour la France. La Trinité, l'Eglise, et la France, tels sont les termes de cette trilogie mystique, qui met notre patrie en si beau rang dans le poème de Fourvière.

Dans la première coupole il s'agissait de traduire ces admirables paroles de la Sagesse que l'Eglise applique à la sainte Vierge dans son office de l'Immaculée Conception :

> *Dominus possedit me ab initio.*
> *Ab æterno creata sum*
> *Ante colles parturiebar.*
> *Cum eo eram cuncta componens.*
>
> (Prov. VIII, pass.)

Le Seigneur m'a possédée au commencement de ses voies; j'ai été établie dès l'éternité; j'étais enfantée avant les collines de la terre; j'étais avec lui réglant toutes choses.

Assis avec majesté sur un trône de nuées, entouré des

quatre animaux mystérieux, Dieu le Père bénit les mondes qui vont sortir du néant. Eternellement présente à sa pensée, la sainte Vierge qui sera dans l'ordre des temps la Mère de son Fils, *premier né de toute créature*, est agenouillée sur cette main qui tracera bientôt à l'Océan son rivage infranchissable. Une couronne de chérubins limite la scène, et l'encadre.

Dans les pendentifs de la coupole des anges aux ailes déployées portent des banderolles sur lesquelles sont inscrits les textes que nous venons de lire au chap. VIII du livres des Proverbes. Deux autres compositions symétriques occupent les deux autres coupoles. C'est la sainte Vierge, Epouse du Saint-Esprit, environnée de rayons lumineux dont la Colombe mystique est le centre; c'est ensuite la Mère du Fils de Dieu, assise sur un trône, portant sur ses genoux l'Enfant Jésus, enveloppé de bandelettes, entourée de fleurs que des anges adorateurs sèment dans l'espace pour glorifier la Mère et le Fils. Le bœuf et l'âne, souvenirs de l'humble crèche de Béthléem supportent le trône de la Vierge-Mère (1).

Autour de ces trois imposantes compositions se développe, dans les voûtes latérales, le chant triomphal du *Magnificat*. Les versets du merveilleux cantique sont inscrits sur autant de cartouches enrichis d'oiseaux et de fleurs brillantes.

Le second poème de la trilogie sacrée se déroule sur les murailles de la nef de l'évangile : c'est *Marie et l'Eglise*.

Nous assistons dans la première travée au concile d'Ephèse qui proclame par la bouche de saint Cyrille

---

(1) Monsieur Domer a composé cette dernière coupole après la mort de Gaspard Poncet, auteur des deux premières.

d'Alexandrie, aux applaudissements de tout le peuple la glorieuse maternité divine.

Vient ensuite, dans la travée centrale, l'histoire de cette grande journée du 7 octobre 1571. Dans les eaux de Lépante, la croix et le croissant sont en présence. La petite flotte papale sera-t-elle écrasée par les forces énormes des Turcs? Mais à Rome saint Pie V est en prière; il invoque Celle qui est le vrai secours des chrétiens. Tout à coup le Pontife, poussé par un mouvement divin, regarde fixement le ciel, et, après un instant de silence : « Gloire à Dieu, s'écrie-t-il, la victoire est aux chrétiens! » Bientôt arrive à Rome la grande nouvelle. A l'heure même où le saint pape pousse ce cri prophétique de reconnaissance la flotte musulmane fuyait en pleine déroute devant les galères de Don Juan d'Autriche. L'Italie et la chrétienté étaient sauvées par le Rosaire.

Dans la dernière travée nous voyons le grand Pie IX proclamant à la face de l'univers, devant cinquante cardinaux, quarante-deux archevêques et quatre-vingt-douze évêques, sous les regards d'un peuple immense qui remplissait le plus vaste temple du monde ce dogme *ineffable* de l'Immaculée Conception de Marie, attendu depuis des siècles et réservé pour le nôtre. La première proclamation de l'inimitié de la femme contre le serpent a été faite au jour même de la première prévarication. Cette seconde proclamation solennelle du même dogme au 8 déc. 1854 indiquerait-elle que la prévarication du xixe siècle est plus coupable, plus complète, plus orgueilleuse que toutes celles qui l'ont précédé?

Dans la nef de l'épître nous trouvons le troisième terme de notre trilogie, *Marie et la France*.

Notre glorieux pontife saint Pothin, disciple de saint

Polycarpe apporte dans les Gaules la doctrine du Christ et l'image de sa sainte Mère. Nous le voyons au pied de cette belle colline de Lugdunum, toute resplendissante de monuments antiques, qui sera bientôt rougie de son sang, et sur laquelle s'élève aujourd'hui notre basilique, beau fruit de son martyre.

Plus loin, saint Dominique combat par le Rosaire l'hérésie française des Albigeois. Le saint envoyé de Dieu, dit la bulle de sa canonisation, fut le coursier de sa gloire, poussant intrépide dans le feu de la foi les hennissements de la divine prédication. Ce sont les victoires de cette prédication ardente que représente cette grande page de notre histoire, où se lisent également les prodigieuses conquêtes d'Antoine de Padoue, et des Franciscains, ses frères.

Ici enfin, dans la troisième travée, Louis XIII consacre la France à la sainte Vierge. Par lettres patentes du 10 février 1638 le pieux roi déclare consacrer à Marie sa personne, son Etat, sa couronne, ses sujets. Pour exprimer cette prise de possession de la France par sa divine Souveraine, on a voulu que le roi Louis XIII, agenouillé devant l'autel de la Vierge, fût accompagné de la France entière dans ses représentants les plus saints, ou les plus illustres. C'est d'abord Clovis, le premier baptisé de Reims, et Clotilde, sa sainte épouse ; c'est Charlemagne, le grand empereur, c'est saint Louis et Blanche de Castille, c'est l'héroïque vierge de Domremy, c'est le populaire Henri IV ; c'est le jeune Louis XIV renouvelant le vœu de son père, c'est l'infortuné Louis XVI. La France voudra-t-elle oublier ce passé magnifique, voudra-t-elle renier tant de gloire, et trahir son beau titre de Fille aînée de l'Eglise. Ses prévarications, hélas! sont sans nombre, et cependant elle est encore debout contre toutes les apparences humaines : que de fois déjà elle a mis des exceptions à toutes les règles générales.

« Il n'y a nation au monde qui fasse plus pour sa ruine que la Française, disait Charles-Quint, et néanmoins tout lui tourne à salut, Dieu ayant en sa protection le roy et le royaume (1). »

C'est au moment du vœu de Louis XIII que Balzac s'écriait dans son orgueil patriotique : « Notre fortune a corrigé tous les défauts de notre conduite, c'est le hasard qui nous a sauvés, ou pour nommer notre bonheur plus chrétiennement et quitter les termes de l'usage corrompu qui sentent encore le paganisme, c'est Dieu qui a pris soin particulier de la France abandonnée, et a voulu être son curateur dans la confusion de ses affaires : c'est sa Providence qui a continuellement combattu contre l'imprudence des hommes, c'est le ciel qui a fait autant de miracles qu'ils faisaient de fautes.

« Mais, ajoute le vieil auteur, ce n'est pas à dire que Dieu se soit obligé par serment de rendre heureuses toutes nos chutes, ni qu'il veuille bénir toutes nos folies. Il permet à la fin que les effets suivent leurs causes et que ce qui a troublé longtemps l'ordre du monde rentre dans le cours ordinaire dont il est sorti, et obéisse à la commune nécessité qu'il a imposée à l'action de ses créatures. »

Ne semble-t-il pas que l'heure soit venue d'écouter cet avertissement suprême, et d'ailleurs n'est-ce pas pour détourner de notre patrie coupable cette *commune nécessité*, que la France catholique construit Montmartre, consacre Fourvière, célèbre par des fêtes vraiment nationales et la vierge victorieuse de l'étranger, et le souve-

(1) Charles-Quint cité par M. Lambert Sainte-Croix. — *Echo de Fourvière* du 30 juin 1888.

nir quatorze fois séculaire du baptême de son premier prince ?

Au-dessus de chacune des grandes compositions que nous venons de décrire, nous remarquerons encore, avant de descendre dans la crypte, les six grandes verrières qui éclairent le vaisseau. Chacune de ces baies ne mesure pas moins de quarante-cinq mètres de surface. Chacune d'elles est consacrée à une des royautés des litanies. Dans la première travée, c'est la Reine des Prophètes et la Reine des Patriarches. Dans la travée centrale, c'est la Reine des Confesseurs, et la Reine des Martyrs. On a choisi dans l'innombrable armée victorieuse les héros qui par leur naissance, leurs actes, leur mort, ou leur patronage appartiennent à nos contrées : saint Jean, saint Polycarpe, saint Pothin, saint Irénée, sainte Blandine, saint Bonaventure, saint Eucher, saint Nizier, saint François de Sales.....

La travée la plus voisine du sanctuaire proclame Marie reine des apôtres et reine des anges. Reine des apôtres, la Vierge de Fourvière voit fleurir à ses pieds les rameaux magnifiques de la propagation de la foi. Reine des anges, Elle reçoit les louanges de Gabriel, tandis qu'Elle envoie Raphaël au secours de la jeunesse chrétienne, et qu'Elle charge le grand archange, chef de la milice céleste, de porter à notre Jeanne d'Arc, ces voix mystérieuses qui transformeront bientôt en héroïne la pauvre petite bergère lorraine.

Il est superflu de faire remarquer qu'aucune place ne saurait être réservée pour les ex-voto au milieu des splendeurs que nous venons de décrire. Cependant une heureuse exception a été faite qui respecte à la fois l'unité esthétique et l'unité symbolique du grand édifice. On a voulu enrichir la nouvelle basilique de l'ex-voto solennel offert par la ville préservée du choléra en 1832. Cette toile remarquable due au pinceau magistral d'un illustre enfant de Lyon, de Victor Orsel, décore le mur terminal de la grande nef. La Vierge est assise sur un trône, elle tient l'Enfant Jésus sur ses genoux ; de sa main droite elle étend sont manteau protecteur sur une femme éplorée qui se précipite à ses pieds. Les saints patrons, de la ville groupés à la gauche du trône, unissent leurs prières aux prières de la cité dans l'angoisse. Les fléaux redoutés, le choléra, la guerre civile et la mort s'arrêtent devant l'épée flamboyante d'un ange debout, obéissant aux ordres de sa souveraine. Au-dessous de cette grande scène la colline de Fourvière dessine sa gracieuse silhouette sur un ciel pur.

V

SYMBOLISME DE LA CRYPTE

Le vestibule.

Il nous faut maintenant descendre dans la crypte. Déjà nous avons jeté un premier coup d'œil sur cette majestueuse architecture, nous avons dit l'impression profonde que produit la sombre nef, lorsque l'on y pénètre par le grand escalier du couchant. Une autre entrée moins solennelle, mais non moins intéressante, donne accès à notre église souterraine. Sur la façade latérale du sud, s'élève une élégante construction demi-circulaire qui relie à la fois, l'antique chapelle à la crypte et au vaisseau supérieur de la nouvelle basilique. Cette annexe est ornée au dehors de colonnes engagées, et de baies géminées fermées par des claustra en lave grise de volvic; une décoration aussi sévère était imposée par la majesté des dehors du monument; elle fait d'ailleurs un heureux contraste avec l'élégance intérieure de ce vestibule. Là, nous ne trouvons ni or ni mosaïque, et cependant l'architecture est colorée, mais cette coloration n'est obtenue que par la variété des matériaux employés : c'est la pierre blanche et polie de l'Echaillon, qui se marie avec le calcaire gris de Chomerac, le grès vert de la Suisse, la lave sombre de Volvic et l'ardoise d'Angers. Le jeu de ces divers éléments anime cet atrium, déjà très accidenté par une intéressante combinaison d'arcs, de colonnes, de rampes courbes et de linteaux convergeants, suivant une surface conique, pour abriter comme d'un velum de pierre, les marches qui montent à l'église supérieur, et celles qui descendent à la crypte. Un riche bénitier présente aux pèlerins ses trois coupes accouplées, il est surmonté d'une belle figure de la Sagesse due au ciseau de M. Dufraine : *Audite, quoniam de rebus magnis locutura sum. Ego sapientia habito in consilio* (Prov. VIII, pass.).

A droite et à gauche de la blanche image, s'ouvrent les deux portes qui donnent accès à l'église haute. Ce sont les portes de *saint Marc* et de *saint Luc* (1), parce que du côté de l'église, elles sont décorées des symboles de ces deux évangélistes ; du côté du vestibule, leur tympan emblématique rappelle la pureté, la beauté et la tendresse toute maternelle de Celle qui nous attend dans le sanctuaire. Ici des agneaux se rassemblent autour d'un beau lis : *Nos autem oves pascuæ tuæ* (Ps. LXXVIII, 13). Là, de petits poussins se réfugient sous l'aile de leur mère : *Sub umbra alarum tuarum protege me* (Ps. XVI, 8).

Les rampes descendantes s'engagent par un mouvement circulaire sous le portique supérieur, dans un espace sombre consacré au Joseph de Pharaon, à cette belle figure biblique dont le souvenir se présente ainsi, très heureusement, à la pensée du pèlerin qui va chercher dans la crypte le Joseph de la Loi Nouvelle. Deux grands bas-reliefs, rappellent cette touchante histoire : à gauche, Joseph explique à Pharaon ses songes ; à droite, il est reconnu par ses frères. Les sept vaches grasses, les sept vaches maigres, le soleil, la lune, les gerbes d'épis murs, fournissent les éléments décoratifs de ce passage un peu mystérieux, un

(1) Les portes, à l'extrémité des basses nefs, sont dites de *saint Jean* et de *saint Matthieu.*

peu égyptien, mais bien lié cependant à l'ensemble de l'œuvre et très approprié aux pensées qu'il fait naître.

Les chapelles.

Nous pénétrons maintenant dans la crypte par une double rampe en marbre rouge que domine une grande croix de même matière, entre deux anges adorateurs. Nous allons trouver ici les mystères de la vie de Marie, dans lesquels le grand Patriarche a été associé à sa mission surnaturelle. Les épousailles de saint Joseph et de la sainte Vierge commencent cette divine histoire. C'est l'autel le plus voisin du sanctuaire, dans la nef de l'évangile. Vient ensuite, dans la travée centrale, l'autel de la Nativité de Notre-Seigneur. Les saints Époux adorent l'Enfant qui vient de naître; ils reçoivent, auprès de l'humble crèche, les bergers et les mages. Plus loin, Joseph et Marie présentent au temple l'Enfant Jésus, pour obéir aux prescriptions de la loi. Du côté opposé, dans la nef de l'épître, Joseph conduit en Egypte sa pauvre famille, fuyant les fureurs d'Hérode. Mais l'ennemi de Dieu, impuissant dans sa vengeance, meurt, la paix renaît, et nous voyons dans l'atelier de Nazareth la sainte Famille travaillant, vivant d'une vie modeste, toute simple, tout ordinaire. Cette chapelle établie dans un petit édicule au milieu du vestibule, sous les rampes des degrés que nous avons franchis, est bien l'image de la petite maison de Nazareth, humble et cachée. Sous le vocable de *Notre-Dame de l'Atelier*, elle deviendra tout naturellement le siège des associations ouvrières, prélude des corporations renaissantes. L'étroite enceinte ne pourra certainement pas recevoir les nombreuses confréries, mais elle abritera leurs bannières, elle sera le centre spirituel de l'œuvre. L'ouvrier agenouillé devant le petit autel sera *chez lui*, dans *sa* chapelle, et lorsqu'aux grands jours la corporation sera toute entière réunie, l'immense vaisseau de la crypte de saint Joseph lui sera ouvert. Là aussi doit être renfermé le cœur du grand *ouvrier* qui a conçu Fourvière; il est bon que le maître de l'œuvre, repose sous ces voûtes dont il a tracé avec tant d'amour les courbes puissantes. Sa présence en un tel lieu sera un enseignement vivant et durable; elle apprendra ce que peut le travail soutenu par la piété, éclairé par la foi.

Cependant « Jésus étant âgé de douze ans, Marie et Joseph montèrent à Jérusalem selon qu'ils avaient accoutumé au jour de la fête. Comme ils s'en retournaient les fêtes étant passées, l'Enfant Jésus demeura dans Jérusalem, et ses parents ne s'en aperçurent pas; mais pensant qu'Il serait avec ceux de leur compagnie, ils marchèrent durant un jour, et ils le cherchaient parmi leurs parents et ceux de leur connaissance, et ne l'ayant pas trouvé, ils retournèrent à Jérusalem pour l'y chercher. Et il arriva qu'après trois jours ils le trouvèrent dans le temple, assis au milieu des docteurs, les écoutant, et les interrogeant. Or ceux qui l'entendaient étaient dans la surprise de sa sagesse et de ses réponses. »

Cette scène charmante que nous raconte si simplement saint Luc au chapitre II de son Evangile est reproduite dans le retable de la dernière chapelle. Marie et Joseph, après trois jours d'angoisse retrouvent enfin leur divin Enfant, impatient en quelque sorte de remplir la mission qu'Il tient de son Père céleste.

Dans le sanctuaire est glorifié le saint patriarche, patron de l'Eglise universelle. Sa statue colossale, aux reflets d'or, élevée sur une colonne précieuse domine le sombre vaisseau et sous la table de l'autel, l'image du saint expirant entre les bras de Jésus et de Marie, est taillée dans un beau marbre de Carrare. Cette touchante composition étudiée par M. Millefaud sous les yeux de Bossan, a été corrigée par le maître lui-même, qui a permis au statuaire de donner ses traits au grand patriarche.

Nous aurons épuisé toutes les richesses symboliques de Fourvière quand nous aurons fait remarquer dans ce sanctuaire de la crypte, au pied de l'autel, dans la mosaïque du sol, les sept péchés capitaux, avec cette inscription empruntée au psaume xc : *non accedet ad te malum;* dans la voûte, au-dessus de l'autel, les louanges du saint inscrites sur les parois étincelantes d'un précieux revêtement, et enfin les images des huit béatitudes sculptées à la naissance des nervures. Ces huit béatitudes qui sont l'abrégé de tout le sermon sur la montagne, sont aussi l'abrégé de toute l'innocente vie de notre saint patriarche. Tout le but de l'homme est d'être heureux : mettre le bonheur où il faut, c'est la source de tout le bien, et la source de tout le mal est de le mettre où il ne faut pas (1).

(1) Bossuet, *Méd. sur l'Ev.*, 1ᵉʳ jour.

Epilogue.

Arrivé au terme de ce long voyage, sous la lumineuse conduite de l'illustre bénédictin de Solesme, dont nous ne sommes que l'écho affaibli, nous avons voulu jeter un coup d'œil sur le chemin parcouru. Fourvière s'est alors présenté à notre pensée dans la splendeur de son unité esthétique et liturgique, comme un être complet vivant et parlant, tout à la fois antique par la race, jeune par le charme et la grâce, immortel par le sang tout divin de la doctrine qui l'anime, et alors une singulière anecdote que saint Jean raconte au chapitre Ier de son Evangile s'est réveillée dans notre mémoire. « C'était trois jours avant le festin des noces de Cana; Philippe venait de voir Jésus, et ayant rencontré Nathanaël, il lui dit : Celui de qui Moïse a écrit dans la Loi, et que les prophètes ont prédit, nous l'avons trouvé en la personne de Jésus de Nazareth, fils de Joseph. — Nathanaël dit à Philippe : Peut-il sortir quelque chose de bon de Nazareth? — *A Nazareth potest aliquid boni esse?* Philippe lui répondit : Venez et voyez. »

Fourvière démontre, ce nous semble, que quelque chose de bon peut sortir de Nazareth, de cette religion divine dont le monde pervers annonce le déclin et qui n'a jamais été plus vivante.

Dans ces jours troublés que nous traversons, ce n'est point un enseignement de peu de valeur que celui qui démontre par un exemple aussi éblouissant que la foi catholique est à la hauteur de toutes les exigences. Fourvière est un acte de foi. Fourvière affirmera qu'au milieu des décadences, des destructions et des ruines de notre époque, l'architecture religieuse peut encore pousser des fleurs nouvelles, et que l'art ne saurait périr tant qu'il s'attache à l'arbre de vie, tant qu'il s'abreuve à la fontaine toujours jaillissante de la doctrine de Nazareth, tant qu'il se réchauffe à ce feu qui a été donné à la terre pour la ranimer, l'épurer, l'éclairer.

Si donc nous rencontrons Nathanaël, disons-lui comme Philippe : Venez et voyez.

Lyon. — Imprimerie Emmanuel Vitte, rue de la Quarantaine, 18.

www.ingramcontent.com/pod-product-compliance
Lightning Source LLC
LaVergne TN
LVHW022115080426
835511LV00007B/825